AQUARIUS

AQUARIUS

AQUARIUS

AQUARIUS

Catcher

一如《麥田捕手》的主角，
我們站在危險的崖邊，
抓住每一個跑向懸崖的孩子。
Catcher，是對孩子的一生守護。

・那些在升學主義下，被逐漸遺忘的能力・

老師該教，卻沒教的事

吳緯中老師

【推薦序一】

翻轉教育的核心在於人

◎開平餐飲創辦人、PTS教學法創始人　夏惠汶院士

全世界都在關切——教育的翻轉與創新

世界各國都在探究，如何教育下一代，學習面對未來的知識。有些國家從制度上改，改變組織結構，改變上課時間，拉近城鄉差距。有些從課程教材上改，鬆動傳統課綱、引進科技新知、有些從教學法上改，趣味教學，視屏教學等等。這些努力全都值得讚賞與肯定，但從更深一層探討，任何教育改革，不從學生「願意」學習出發，都會碰到困難。

教育現場裡的每一位老師，如何與學生相處，是改革的關鍵

如果每個老師都能用心去理解孩子的心，懂得處理親師生之間三角牽連的關係，學會有品質的對話，能與學生們共同創造學習的氛圍，就能引發孩子全心投入、這是幫助孩子

順性發展的過程，啟動自發性地學習。

那要營造什麼樣的氛圍和條件，才能讓這些發生？開平餐飲在營造一個氛圍，讓學生可以全心投入，不斷地想要在一個多元主題任務中闖關與破關。在這裡，師生共同學習處理關係，學習對話，在衝突中合作，創造「你好，我好，大家好」的環境。所以，我們只有三條校規，也沒有統一的教科書、制式的考試，校園裡也沒有上下課鈴聲。這樣的教學法看似散亂，然而，卻又有自己的次序「亂中有序」，團體開始產生生命力！團體的每一個人開始經驗到快樂學習有成就。

相同的教育理念，通往未來的教育大道

去年我贊助政大一個創新教育發展計畫，邀請政大教授和一些國中小學校長，參訪奧地利創新教育的發展，緯中也一起參與。在參訪的過程中，看到當地的教學與開平多年來所堅持與實踐的教育理念不謀而合，我猜他也因此受到了肯定與鼓舞，更清楚與堅信這是一條正確的路，也是未來世界一定會走的路之一。

讓我回想到四年前緯中剛到開平，面談時知道他有基督徒的信仰背景，也奉獻自己在教會工作一段時間，協助過一些青少年走過困境，這樣的經驗，也讓緯中想到學校，從教育著手，幫助更多學生，這樣的起心動念讓我很感動，我猜那是他秉持著神愛世人的出發點吧！

老師該教，卻沒教的事

兩年前開平餐飲的畢業典禮上，緯中上台致詞分享的一段話，讓我印象特別深刻，他說：「如果沒有學生，我就無法成為一位老師，是學生讓我成為老師，也讓我相信我真的是一位老師。」

陽光、空氣、水，醞釀出教育的果實

開平餐飲經過了幾十年的翻土耕耘，從教育整體的結構翻轉改變，我們搭建了一個平台，提供了土壤、陽光、空氣、水，讓每顆種子在開平餐飲這個場域中發展自己的生命潛能，不僅是學生、老師，也包含家長，在這個場域共同學習、共同成長。

在這本書裡，緯中毫不保留地將自己在開平餐飲經驗的親師生共學經驗，及深刻的反思分享給大家，每一個字都完全的展現緯中的生命力與感染力，透過緯中的文字也將老師與學生交集的生命故事轉化成一篇篇令人感動的故事。

有家長好奇，開平餐飲的老師面對學生各種創意挑戰，都累得精疲力竭，怎麼還有時間寫書？分享一個祕訣：開平餐飲全校師生被要求每天寫反思筆記——「六步模式」，寫出在校園中印象深刻且讓自己開心滿意的事。我常跟老師們鼓勵，幾年下來，回顧整理自己曾經寫過的六步，一不小心就可以出一本書。看到緯中真的做到了，很高興為他寫序，也期待讀者們從緯中的分享中激盪出更多的火花。

祝福！

【推薦序二】

沒有心靈煎熬，怎會有心靈雞湯

◎政大台灣實驗教育推動中心計畫主持人　鄭同僚

去年春天，我和幾所台灣小校的校長得到開平夏惠汶創辦人慷慨贊助，到奧地利參訪一週，學習人家如何進行混齡教育。那次緯中被夏創辦人指定，代表開平老師，一方面自己去學習，一方面隨隊幫參訪團聯絡事情。

在奧地利期間，參訪團隊善用時間，每天的拜訪行程都很密集，不停拜訪請益，簡直是鐵人行程。緯中不但白天幫忙大家張羅、聯絡參觀學校，自己也很投入在做觀察、筆記與提問。到了夜裡，還連夜趕工寫稿，不論多晚，一定把當天的參訪見聞加照片整理出來，隔天和大家分享。那趟旅程，我發現，他堪稱鐵人隊中的鐵人，而且是很可靠的伙伴。

緯中的參訪觀察很敏銳，寫出來的參訪見聞不但可讀性高，也頗有見地。後來回國，他那些筆記還成了網路上很受歡迎認識奧地利混齡教育的精彩散文。

在奧地利期間，偶爾在趕路的車上，我們坐得近，有機會聽他談到在開平教學的經驗。他常說，成為高職老師，是他自己的選擇，而且學到很多，成長很多。

很多人當老師或當父母，都會因為實際面對種種挑戰，在過程中經歷動心忍性，被迫反觀自己，因而得到某種程度的成長。那時候，我對緯中話語的理解，大致如此，但沒有機會深入瞭解更多他所經歷的細節。

一直到今年夏天，終於有機會仔細看了這本書，我才瞭解，緯中所謂學到很多、成長很多的經歷，其實不但是他自己個人珍貴的成長史，更可以是很多人可以參考的心靈雞湯。

不論在家中，或在學校裡，我們的文化普遍缺乏平等對話的習慣與能力；而這本書在我看來，恰恰是一本很好的對話錄。在文中，讀者可以看到一個年輕敏銳的老師，不斷和學生對話，不斷和家長對話，不斷和同儕對話，也時時刻刻和自己對話。透過這些對話，他摸索前進，得到一次又一次脫胎換骨的成長。這樣的對話錄，正是我們社會需要的經驗。

風雨過後，當事人都會有一種洗鍊後的沉穩，他們回首來時路，路上的挑戰總看起來雲淡風輕，好像天下本來就不會有太多困難；但緯中的書，表現不一樣的風貌。他毫不避

推薦序二

沒有心靈煎熬，怎會有心靈雞湯

諱在書中分享了自己諸多挫折與糗事，在學生面前承認錯誤的、或當眾掉下眼淚的，這些經歷，一般成人寫書，都隱之唯恐不及，但緯中都坦誠撕開自己的傷口和面具，讓讀者有機會親眼見識到，一個老師若真要讓自己和學生一起健康成長，需要經過的種種心靈煎熬。

沒有心靈煎熬，怎會有心靈雞湯；我覺得，這是緯中書裡分享的一個核心重點。所有人都需要成長，所有成長都得付出代價。緯中的經驗很篤定告訴我們，所有誠心付出的代價，不管成功或失敗，最後都會有令人歡喜的自我成長。

這是一本很深刻自我反省的書，也是可以照著做的指南。讀這本書可以學到做事，也可以學到做人。這是一本可靠老師所寫可靠的書，是一本值得年輕父母、中學老師和青少年仔細閱讀的好書。

【自序】

老師該教，卻沒教的事

去年期末，我當掉了一位學生。事後，他氣洶洶地找我理論，說為什麼已補交了作業仍舊被當，我雖回應補交的作業沒有達到標準，他始終無法接受。

那不是一場愉快的談話，最後他一口咬定老師每個學期都有必須當掉學生「業績壓力」，所以非要拿一定比例的學生開刀不可；而他自覺，就是那倒楣的「業績」。

我極力否認並解釋，但怎麼也無法改變他根深蒂固的觀念，他心懷不平地離開，我也只能莞爾無奈。

然而，不知為什麼，我似乎懂得他對老師的這種極端不信任的心理；或許是在高中時期，我也曾是如此，對權威充滿敵意、對體制忿忿不平。

比成績更重要的事

通常，在老師和學生之間，有條微妙的線牽引著天平的兩端；線的一頭是相互敵視，由制定不完的規矩、成績的陰影，與威嚇的語言打造而成；另一頭是彼此信任，由同理的尊重、合作的誠意，與守約的承諾釀造而出。

在過去的求學經驗裡，我總是倚在天平前端，與老師們明爭暗鬥地來回較勁。許多年過後，自己當了老師，才發現學生和老師的關係，不應該像記憶枕頭與後腦杓的關係一樣：枕頭被腦袋拼命打壓後變得扁縮，但頭一離開，不消一會隨即恢復原樣。

所以，我痛恨拿成績「威脅」學生。成績應該是激勵的工具，不是懲罰的手段。對我來說，成績是最後一道防線，非到最後關頭，不會輕易拿出來使用。而且，越用成績威脅，越會越造成師生對立。對立若造成，老師更不容易達到原初希望學生向上的目的。

然而，在天平的另一端，我想身為老師的人也會害怕，自己一不小心，就成為濫情者，一個總是在當好人的老師：對學生太信任、太有同理心，甚至被利用也渾然不覺。

我的想法是，當你選擇相信學生的時候，他們會開始相信自己。

信任的珍貴與脆弱

我曾有一度對學生們的情況感到灰心，掙扎是否要繼續相信時，當下決定跟學生們分享一段話，告訴他們我的心情：

老師該教，卻沒教的事

「人與人之間的信任，是一件脆弱而珍貴的東西；就像感情一樣，失去容易取得難，破壞容易修補難。

要贏取人的信任很難，需要花費時間經營、鞏固，但要破壞它卻很容易，只要一句惡意的重傷、一個表裡不一的行為，或背後的謠言就足以毀壞它。

所以，當你爭取到別人的信任時，要珍惜、要呵護，要滋養，否則你連怎麼盡失人心都不曉得。」

真實的信任，不是一種盲目輕率的動作，而是一種深思熟慮之後的抉擇。

最難的部份在於：你明明心中早已知道，對方將來仍會失敗，仍會跌倒，卻仍舊不放棄相信。因為你知道到最後，「相信」這件事本身會成為一股源源不絕的力量，讓獲得信任的人感受到支持與愛，而能放膽向前。

學生每次的承諾，在當下總是一心一意的，你該相信他的許諾裡沒有虛假。但是，能否遵守約定又是另外一件事了。

我們大人不也是一樣：常常立誓、常常破戒；常常發奮，常常怠惰。

因此，別相信孩子真能守住承諾，但要相信他願意守住承諾的心，孩子們那份願意守諾的心總是在的。所以引導孩子完成自己的承諾，或協助他修正成可行性高的承諾，就成了老師的職責所在。

當你開始相信學生時，也許一開始他們會令你失望，但只要撐得夠久，你也選擇持續相信時，他們的表現往往會令你嚇一跳。因為你所相信的，是人們內裡美好良善的本質，孩子們最好的一面終究會展現出來。

這是我從始至終的教學信念：「要求」帶來「距離」，「束縛」帶來「關閉」，而「信任」，將會帶出更多輪轉不休的「自由」。

這個信念，至今從未讓我失望過！

老師該教，卻沒教的事

當與學生們的信任關係建立了，所有的老師將面對一個更為核心、無法逃躲的問題：「那我得教學生什麼？」

我是要教學生面對一次一次的考試，還是要陪伴孩子迎接擺在他們前頭，渾然未知的人生？

在這個注重個人實現的時代裡，每一個孩子的自我都被極致地膨脹。當這樣的一個以自我為始、自我為終的人，進到了社會中，遇到了另一個同樣的人，會撞擊出什麼樣災難性的結果？

我開始思考自己受教育的歷程，是的，**學校老師們教會了我國、英、數等基礎科目的知識，我也因此感謝他們。然而，關於尊重、愛、勇氣、道歉、原諒、反思、道別、做自己、面對挫折、解決問題等等生命中不可或缺的能力，又是誰教會我的呢**？

為了培養一位能展現關懷、發揮同理、成熟足意、寬容自信，既不傷害人，又不卑屈自我，最後能自在合宜地順著步伐成為他自己的人，台灣教育——或者更具體一點，台灣教學現場——到底做了哪些努力？

我期待所有在我班級裡的孩子們，當他們從學校畢業後，能學習到這些比考試更重要的能力，並如同輕便的一肩行囊，背起帶到他們人生的下一階段，無論他們在哪裡、做哪些事、遇到哪些人。

【前言】
我來到了這所學校

開平餐飲學校是個自我修煉的地方。

在這所強調順性發展的翻轉校園裡當老師真的很不容易，因為課程節奏很快速、夥伴對話很透明、身心負荷很沉重、師生關係很緊密。在愛與放手、界線與自主之間的拿捏掙扎，我們試著讓學生成為他自己，但不知不覺裡，往往也還原了我們自己清澄的本性。

因此，你也很容易就會受到內心和實質上的挑戰：學生會挑戰你，家長會挑戰你，偶爾老師也會挑戰你。但真正要命的，是你自己深處的價值觀也會在夜深人靜時，驀然從背後跳出，指著你的鼻子挑戰你。

你不得不與自己、與夥伴、與學生有很多、很深的對話，因為這裡是個促使對話發生的地方。**透過對話，我們理解彼此；透過對話，我們讓關係流動；透過對話，我們寫下共**

同的生命故事。

也就是這樣的不斷對話，創造出此處獨一無二、迷人眩目，且層次繁複的教育生態環境，也讓生活在這裡的心靈常感到豐足，好像隨時都會滿溢出來一樣。

在這裡，情緒總是滿的。愛是滿的，哀傷是滿的，開心是滿的，收穫也是滿的，從來沒有空虛的時刻……

目錄

輯2 總是奮力抓住每個懸崖邊孩子的老師

目錄

輯1

別讓孩子成為長不大的大人

道歉可以怎麼學？

每個人必修的一堂「抱歉」課

在現代的校園中，帶著學生學習道歉是一件無比困難的事。

道歉是一件美德，但前提是知道為什麼要道歉，而不是為了道歉而道歉。不懂得道歉的人是可笑的，因為他眼中只有自己，他有個如水壩般高漲的尊嚴，認為只要說聲sorry，水就會崩堤而出，尊嚴將覆水難收。

學習向老師說抱歉

在開平餐飲學校，幾乎所有校內大小的活動皆由學生主辦，甚至包含一年一度盛大活動——校慶。孩子們在承擔的過程中，需要自組成團隊、分配工作、撰寫企劃，在有限時間內挑戰心理與生理的極限，他們會犯錯、會停滯，合作上常阻礙重重，對話時也常雞同鴨講。

舉辦校慶的時程上有一個重要時刻，就是核心團隊需要踏入教師辦公室，向老師們提出此次校慶的草案。然而，我身為此次校慶的負責老師，前一晚才剛目睹了他們經歷過一場尖銳、充滿情緒字眼的會議。

隔日一早，老師們在辦公室準備好了，熱切期待著孩子們的簡報。我一失神，下一刻孩子們已入門開始介紹，我忐忑難安。他們穿著正式服裝，努力發表他們兩個星期以來的準備，他們的簡報明顯不夠扎實，也不具說服力，但令我驚愕的，是簡報完後，學生活動執行長帶著全體九十度向老師鞠躬道歉，承認自己準備不足，小組內還未達成共識，希望老師們再給他們一次機會。

這令人動容的一幕讓我感到安慰與放心，雖然活動告急，他們身上虛心、肯學的特質卻也日益顯露。我知道他們鬥志仍在加溫，即使好強也懂得節制；只要肯低頭，下次抬起頭來，必定能看見更多。

滑稽的校園道歉模式

我一直覺得，道歉是人格養成很關鍵的一環；一個人若是少了它，那會平添多少的愚妄和驕狂。

道歉本身是一件慎重、有分量的舉動。每次說「對不起」的時候，這三個字都應該鏗鏘有聲，而不是如史萊姆般疲軟乏力。

然而，在現代的校園中，帶著學生學習道歉是一件無比困難的事，因為新聞、電影、書籍中充斥著太多拙劣、浮濫的示範，讓人以為：

・做錯了、得罪人了只要矢口否認，將黑的狡辯成白的就好。

・說對不起是件稀鬆平常的事，可以掛在嘴邊輕浮的出口，內心卻毫無誠意。
・真正下不了台、逃不過必須道歉時，只要面對鏡頭演一齣灑狗血、淚眼汪汪的橋段就可以了。

最後道歉變成了套公式：做錯了→說不過人→只好說：「好，我道歉。」→繼續做錯。

所以在學校最常上演的老哏「道歉劇」，就是吵架或打架的雙方被老師不情不願地拎進辦公室，經過不情不願地釐清事發經過，再不情不願地彼此說抱歉，最後附加上不情不願地握手和解。

受害的持續受害，害人的繼續害人，什麼也沒有改變。

關於道歉的九個思考與建議

願意道歉值得喝采，然而我們都曉得，某些道歉只會讓事情更糟，還不如不要道歉比較

> 只要肯低頭，下次抬起頭來，必定能看見更多。

好。

道歉不是獨角戲，自己演、自己開心；道歉是雙人舞，必須一來一往。若你的道歉沒有傳達給對方，那又何須道歉呢？

如何說對不起，才能讓人舒服，也讓自己舒服？我認為真實的道歉至少包含了九個值得注意的地方：

1 永遠不要做出虛假的道歉

道歉不是只在嘴巴裡，動動嘴皮子就好，它必須心口如一；別把對方當傻子耍，倘若他在乎，他一定分辨得出你道歉的真偽。

如果你不是真心的，就不要道歉；因為虛偽的道歉對受傷的人是更深的羞辱，是加倍的傷害。

2 道歉是同理心的展現

說抱歉讓人能走出個人對事物的詮釋，並聽見別人口裡不同故事的版本，**去尊重人的受傷**、**感受人的情緒**，**並去理解你所傷害之人的世界觀**，即便那是個讓你感到陌生、需要花時間咀嚼的世界觀。

3 道歉不代表從此之後，不須負起責任

不要讓說抱歉變成一種耍賴的表現。做錯事之後，只要攤開雙手、聳聳肩，卻絲毫不想做出進一步修復的動作，好像事不關己。如同在說：「對，我就是對不起你，啊然後呢？」那是幼稚至極，如同流氓般的行為。

4 伴隨著道歉而來的，是一種承諾

承諾你會改變，改變心態、改變口氣、改變行為；如果你沒有意圖改變，那就不要道歉。

那樣的道歉令人心寒，且是空洞的言語，註定消散在空氣中，毫無重量。

5 道歉了之後，不要說：「但是」

道歉沒有「但是」，不是彎腰道歉了之後，你就可以立即把腰挺直，指著別人鼻子說：「但若不是你……我就不會……」

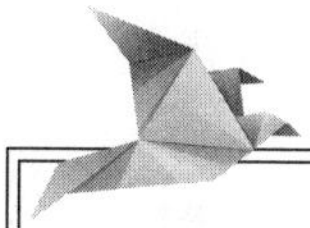

道歉不是獨角戲；道歉是雙人舞，必須一來一往。若你的道歉沒有傳達給對方，那又何須道歉呢？

道歉不是一種談條件的手段，好像你道歉是件多麼了不起的事，道歉完了就可以理直氣壯去談判，去把之前道歉所失去的討奪回來。

6 道歉不是作秀，不須大擺陣仗

跟誰有關的事，就跟誰道歉。

你對不起一個人，不用在一百人面前對他說，因為那是作秀，僅僅顯示你有多麼偽善，搭起台子來炫耀你是多麼的做作。

7 道歉不只是言語、不只是文字

當你道歉時，對方聽見的不僅是道歉本身的內容。對方聽見、看見、感受到的更是你的態度、氣息、聲調、臉部表情、與你所有察覺與沒有察覺到的細微動作。

是的，你口裡在說抱歉，但你身體所述說的語言呢？別讓身體背叛了語言。

8 道歉無須低聲下氣、矮化自己、任人宰割

道歉也可以保有尊嚴，所以無須乞討、哀求別人的原諒，讓自己的人格像車道上的寶特瓶不斷被車子撻伐輾過。

你無法強迫人接受你的道歉，因此不必過度卑屈自己，只須以最大的努力展現真誠，好

好地說抱歉，然後接受並尊重對方的反應。也許他還需要時間，甚至也許他終究就是無法原諒。

9 道歉不是屈辱，而是學習的開始

道歉代表你有反思的能力，能謙卑下來、能負起責任、能面對壓力、能健康地抒發情緒、能意識到自己在群體間的角色，而這些，都是領導者必須學習的關鍵能力。

學習向學生說抱歉

我是個經常向學生道歉的老師，我覺得犯錯很正常，因為我是個人，存在著太多的不完美。不犯錯的人是可疑的，而犯錯不認錯是可悲的。

一次期末，我迷糊地在成績上犯了錯，後來雖然解決了，和孩子們的心結卻沒有鬆綁。最後一堂課我懷著沉重的心，刻意字字分明、緩緩地對孩子們說：

「在這件事上，老師想得不夠清楚，粗率地做出決定，因此帶給你們一些心理

想像中的高山總比實際的山來得猙獰高峻。

與實質的影響，我真的感到很抱歉，請你們能原諒我。」

聽我說完後，我注視著孩子們的眼，空氣凝結了三十秒。

那一刻，我覺得我與孩子們心中有真實的交流，我感到被赦免，他們感到被尊重，**而我們之間的距離，更親近了一點。**

面對自我、跨越心裡的高山

我自己是個視臉皮如命，自視甚高的人，但長久以來在人際上挫敗的經驗告訴我：做錯了，就道歉；犯罪了，就悔改。

沒有那麼複雜，也沒有想像中的困難。不用找迂迴的方式解決，也不須搞手腕、耍心機。直接面對源頭，面對深沉、有重量的恐懼，才是最有效的路。

想像中的高山總比實際的山來得猙獰高峻。

比起折磨人的道德困境、壓得喘不過氣的愧疚，道歉後的救贖顯得無比的寬心。

真實的道歉，不是攤手將主導權交出去，而是收回主導權、解開內在的糾結、重新洗滌自己，讓你能繼續穩妥地生活下去。

如何「學做自己」？

原來，在耀眼表象的期望成就下，才是真正隱密未顯的內在創傷。

「做自己」，大概可以在青少年的標語口號排名中擠進前三，是這幾年流行到浮濫的一個詞，也是我最常聽見學生們掛在嘴邊的話。

其實也不只是這幾年的事了，一九八八年NIKE的「Just Do It!」、一九九〇年飲料廣告中的「只要我喜歡，有什麼不可以」，「做自己」經歷的千萬次的變裝，隱藏在流行歌曲、大眾廣告、電影媒體、勵志書籍中，始終展演著褒貶不一的靈活身段。

當在決定一件事時、要和交往對象分手時、心碎需要安慰時，常聽見孩子們彼此慫恿：

老師該教，卻沒教的事

「做自己就好了，不要想那麼多！」

而我認為，「做自己」至少有兩種不同的類型：

一・感官類

一種輕浮、淺薄做自己的方式。

這一類型的「做自己」把「做自己」當作掩護自己放任的藉口，打開「做自己」的大傘，不受譴責的傷害他人、顛覆規則，隨心所欲地不顧他人感受，養肥那沒有上限的自我耽溺，只因為他喜歡，並滿足他每天的小確幸。

演變到極端時，不經過腦袋的說話叫做做自己，對規則不屑一顧的作風叫做做自己，尖酸刻薄的自戀狂叫做做自己，百無禁忌的舉止也叫做做自己。

這種人誤把白目、無禮和目中無人當作做自己。

二・思維類

這種類型的「做自己」是明知自己所做的與社會期待相悖，但經過審慎掂量、思考過兩者的利弊後，仍選擇聆聽內心的聲音，以影響他人最低的程度為原則，決定要做自己。

他知道做自己其實不是一件那麼瀟灑的事，而是一種深刻的反思，得先循著紋理找到生命的脈絡，釐清自己的價值觀、願景、夢想，與熱愛的理念。

所以，**做自己之前，他懂得首先得要找回自己、還原自己。**

找到自己逃避已久的渴望；挖掘成長過程不斷被壓抑、社會化的觀念與不滿；探索自己的性情、特質、喜惡、愛憎。

在察覺不對勁的時候，勇敢地說出口；在感受不舒服的時候，認真地與自己內在對話；在內心不由自主冒出想法時，誠實坦然面對。

透過閱讀、歷練、反思，知道自己的夢與深處的想望，直到他能說，不再為其他人而活，不活在任何一人的陰影下，只為自己而活。

做自己、找自己是一個持續不斷顛簸的過程，痛苦而熬人，而且絕沒有捷徑。

做自己、找自己是一個持續不斷顛簸的過程，痛苦而熬人，而且絕沒有捷徑。

「你什麼時候才要開始做自己？」

我常會和高三的學生們聊聊他們未來的規劃，其中與一個孩子的談話，令我印象深刻。

他身材高大，寬闊臉龐上掛著的神情，透露出此年齡中少見的謹慎與節制。

「升學，當然是升學。老師，我從一年級開始就想好了。」

他說起話來，每個字都加了重音，彷彿刻意讓人感受他不可小覷的決心。

我問他，為什麼要升學。

他說，是要讓升學成為參加比賽的跳板。在他的籌劃中，他會先從西餐的北市賽開始，然後進入全國賽取得國手資格，再出國拿下世界級的冠軍。

我又問他，為什麼要拿到世界第一。

他說，是要讓得獎成為未來開一間屬於自己餐廳的跳板。

我吞下了這種直線型問句的衝動：「升學是比賽的跳板，比賽是開店的跳板，那開店是什麼的跳板呢？最後又要跳到哪裡呢？」而**反過來換另一個方式詢問他，陪伴他去思考自己更深層的目的和動機。**

原來，在耀眼表象的期望成就下，才是真正隱密未顯的內在創傷。

他說自己所規劃的這一切，都是為了證明給家人看，讓他們不再看不起他。

國中的他因為和家人說要讀餐飲，在一次的家人聚會中被拿來當作茶餘飯後的消遣話題，讓他積怒難忍。受創的他決心在餐飲這條路上證明他自己，而家人所認同的，就只有靠著比賽與開店這條路來贏取榮耀。

我問他：「所以，所有的一切都是為了家人而做的，那你又為了自己做了什麼？」他搓著冒汗的手心，說他從來沒有想過，也坦承這幾年都是過著滿足別人的生活。

「那從什麼時候起，你才能不再過這種生活？」我難受地問。

他直截了當回答：「直到我實現我的夢想，開了一間屬於自己的店，意氣風發的那天為止。」

我又說：「如果到了最後，你照著自己所想的一切成真，到頭來他們還是看不起你，對你不屑一顧，你要如何面對呢？」

他說，如果真的那樣，到時候自己就會想通了，做自己就好，也不會再過滿足家人的生活。

最後，懷著複雜的情緒，我告訴他：「**那為什麼你不此刻就想通，現在就開始做自己呢？**」

做自己的內在阻礙：懼怕

和學生聊完，晚上我回到家中想起此事，也想想自己，竟發現我也和這個孩子相去不遠。總是困在他人與社會的期待中，很難壯膽做自己。

老師該教，卻沒教的事

追根究柢，是因為自己常懷著懼怕的心理。

怕搞砸、怕人眼光、怕閒話、怕無法融入、怕人失望、怕路走偏、怕自己不夠好、怕失去、怕丟臉、怕沒把握機會、怕徒勞、怕受羞辱、怕被拒絕、怕被揭穿、怕沒準備好、怕人生氣、怕忘詞、怕說錯話、怕沒被看見、怕無法說服……

我可以羅列千百個恐懼，每一個都手握權能，足以在我沒有防備的時候，形成夜的噩夢，將我撕裂。

然而，怎麼怕，怎麼錯。

由害怕所驅動的行為，即使最終得到所欲求的，卻不免侵蝕了自己的心，活得膽戰心驚，被自己製造出的幻影恫嚇。

經年累月下來，造就了患得患失，畏首畏尾的行為模式。像《魔戒》裡的咕嚕，永遠處於受怕的焦躁中，勾魂的欲望又不時探頭張望，卻僅有膽量攀附在黑暗的洞穴口邊，瞪大驚懼的眼，打量四圍的凶險。

為了在每個人的眼中維持完美形象，所做的一切努力反而讓自己更碎裂不堪；像畢卡索立體派的人像，多角的稜面耗費力勁也拼不出一個完整的臉孔，只留下身分認同錯亂的茫然。

擁有咕嚕恐懼瞪大的雙眼，和畢卡索畫像中破碎的臉孔，我在無止境筋疲力竭的心理攻防戰中，去猜測對方心思、去迎合他人期待、去照顧別人感受；討好再討好、卑屈再卑屈。

一日，夜深人靜時，我望著鏡中的自己，沒想到，卻成了一個面對鏡子仍感陌生的自己。**我納悶，被腦中不時跳出的問句擊潰：「真實的自己在哪裡呢？」**

忘記了自己是誰，為什麼在此，要完成什麼，要成為什麼；也忘記了面具下的面容，如何流露出歡喜憂傷的神情。

《新約聖經》中的使徒保羅曾說：「我極其喜歡誇我的軟弱」，我實在嚮往這樣的灑脫。

捫心自問，到底自己要什麼？卻發現答案很簡單。我只想單純坦蕩地活著，雙足踏穩土地，仰臉存活在這個世界，純粹地呼吸，憑那稀薄的勇敢，做一個自己始終認得的自己！

做自己的外在考驗：家人期待

除了內在的恐懼之外，讓我們無法做自己的，常來自我們最熟悉的親人。

在嘗試踏上做自己這條路的時候，也許我們能夠無視那些只是坐著看笑話，僅僅動嘴

> 你是否為了在每個人的眼中維持完美形象，但所做的一切努力，卻反而讓自己更碎裂不堪？

巴批判的人，但面對親愛家人關心與愛的呢喃，不問你喜歡與否的循循善誘，才讓人格外為難。

他們好像芒刺在背，不時刺激我們，甚至動不動就絮叨：「大家都這麼做，為什麼你……」、「早就告訴過你了」、「這樣很不正常！」……

正面衝撞家人的期待，往往讓我們心裡過不去。然而，家人可以成為你做自己的威脅者，但他們也可以是催生者。

身為兩個孩子的爸，讓我大膽地這麼說：其實父母要的並不多，通常他們對孩子的期待，是一個快樂、健康、自由的生活；能運用更豐饒的資源，活出比他們這一代更幸福的生活，且能為自己負責，完成自己的夢想。

糾結點在於，往往父母對快樂、自由、幸福、夢想的定義，和孩子不同。

於是觀念的衝突常是撕裂性的。對於同性戀、同居、婚姻、工作這類敏感話題的看法，雙方不可能相同。

但我覺得，**在放手做自己之前，若能坐下來和父母有一次真實的談話，聽聽彼此真實的聲音，一定比沒有更好。**

在這樣的談話裡，可以聊聊：

1 自己真正在乎的事（這個在乎不只是外在的，更是內在的，比方說需要被尊重，想要被信任，並說明自己想被尊重與信任的方式是什麼）。

2 想要做的事，這件事的意義，以及這件事對自己的重要性。

3 自己的觀念，以及這些觀念是如何被塑造出來的。

4 若站在父母的角度想，會不會信任自己，會不會安心。

5 自己是經過深思熟慮，並做出萬全準備（查過資料、經過深度調查），也承諾會對自己的未來負責。

在都說完自己想說的之後，好好聆聽父母的回應，聽聽他們語氣中的掛慮與在意，聽懂他們尖銳話語背後的溫柔。再慢慢地、慢慢地回應他們，就如同撫摸絨布娃娃一樣。因為父母常常比孩子更為脆弱，一想到兒女，他們有著看不見的玻璃心。

人都是需要被同理的，就連家人們也是；如果能把真正所要的，心平氣和地說清楚，在做自己的路上一定會省力許多。

一幀描繪做自己的寫真照

每次想到「做自己」這個主題時，一個滑稽的畫面就會跳入我的視覺記憶裡。讓我不覺想發笑，卻又莫名地感動。

我會想到自己的一件繪製著日本動漫風的T恤：一個面對怪獸的小白人。

老師該教，
卻沒教的事

小白人：是渺小的自己，在遲疑要不要做自己，要不要挺身向前邁步；怪獸：是社會規範、家人的期待，和自己內在的打槍機器。

這件是我最喜歡的T恤，遇到過不去的心結、跨不過的難關、超出能力外的挑戰時，我都會穿上它，希望能帶來一點勇氣，逼走內心裡的混世魔王。

如微塵般的小白人，要怎麼打敗那個不斷對他張牙舞爪、來回梭巡，試圖吞噬自己的怪物？牠，正無情地咆哮，責備著他的軟弱。

我們只看得見穿紅內褲小白人的背影，肩膀微微縮攏，手緊握拳，雙腳直直抵著地。他什麼也沒有，倚靠著不知從何而來的信心，純白一身對映著怪物的黑，卑微的頭罩裡大概也只塞著破爛的保麗龍，想必擋不住怪物隨興轟出的一擊。

耐人尋味的，是巨獸的表情，凶殘的神情中似乎夾雜著慌張，狂野的森牙中也藏著一絲驚愕，龐然的軀體卻好像不停顫抖。而正當小白人更仔細觀看，或許會發現那隻與他四目交望的惡獸，竟是扭曲變形後的自己。

到底誰比較害怕？是小白人，還是大惡獸？

更好奇的是，小白人的眼眶裡，究竟散發著什麼樣的光芒，是戰士帶殺的怒目，還是馴獸師柔和的眼神，或是如殉道者般的從容堅定？

而下一刻下一幕，又會發生什麼事？

是的，巨獸很可怕，但最可怕的還不是牠，是你腦海中說服自己相信的牠。

牠充其量就是一個聲音，而聲音碰不著你，只有你碰得著自己。

你可以視牠為千軍萬馬，也可以簡簡單單的視牠為：一個空緲的聲音。

對我來說，這幀插畫正是一個做自己的時刻。做自己，就是知道面前有怪獸，自己雖然穿著紅內褲，還是堅決地站著，不讓自己為冷風所顫抖。

現代社會也許少了鐵鍊刑具與恐怖統治，但不可否認的，言語的制約、常模的約束仍囂

> 巨獸很可怕，但最可怕的還不是牠，是你腦海中說服自己相信的牠。

張橫行，用意在於剝奪人的自由，冠上「善意」之名的規勸因此成了當代人的現世苦刑。

做自己，永遠不乏代價、風險與痛苦，你會：

- 內心經歷不斷的掙扎，嘗試找到與社會交錯的立足點。
- 感到孤獨，不被人理解，因為你正持續探索內在的未知。
- 常有在半路上的不確定性，與迷失的感受共處，也永遠到不了所謂的終點。
- 承受外在的眼光，無論那是輕蔑、無視或反對。
- 常須主動選擇，而伴隨著選擇，也必然帶來責任（或是後果）。

無論如何，我們總會痛苦。很遺憾的，**在真實的人生中，沒有一條路是無痛的**，有的是麻痺的痛，有的是覺知的痛，那為何不大膽一點，選擇一條更篤定、更貼近自己內心的路？

再說，一不小心，你會找回自己的某個面向，進而慢慢拼出輪廓的全貌，而我相信那就是做自己最好的獎賞。

為什麼要尊重別人？

十個你該尊重每一個人的理由

若你能尊重那些原本不尊重你的人，相信在不久之後他們也會反過來尊重你。

成為老師以來，如果問自己學到什麼最深刻的事，我想就是對人全然的尊重。

我的班級十分機敏可愛，他們就像家庭裡善於察言觀色的孩子，熟稔於爸媽二人的性情，會在不同人出現時轉換因應措施，露出不同嘴臉；可以面對爸爸時乖順聽話，轉過頭來卻對媽媽蠻橫作怪。

在我的課堂時，他們曉得我的個性，知道我的底線和踩踏後我燎原般的怒火，所以孩子們大多都能守規矩，也懂得尊重老師，並對學習懷著動力。

但在另一位年紀較長的老師上課時，他們卻展露出截然不同的面貌，他們目中無人，絲毫不尊重台上的老師，回嘴的態度差，參與度也低落，甚至有一次我親眼目睹他們與老師高聲互嗆的場面。

對孩子們來說，這位老師的存在有如空氣，無足輕重。

我默不作聲地觀察了好一陣子，慢慢發現這樣的雙面行為，絕大部分來自他們對人的「評分機制」好惡分明（不單單對老師，對身旁所有人也一體適用），不是喜歡就是討厭，不太會有對人「灰色地帶」的評價。

從這個現象延伸開來，學生自然而然會導出一個結論：「有些人值得尊重，但有些人不值得尊重。」青少年直率、不耍心機，因此也流露在他們的行為中。

左思右想，我決定和孩子們聊聊「尊重」這件事。

趁著一天輕鬆的下午，我和他們談到：「為什麼你要尊重一個……也許你覺得不值得尊重的人？」

與學生談尊重：十個你該尊重每一個人的原因

真的有不值得被尊重的人嗎？

我有不同的想法。我覺得不管對方是誰，不管對方做了什麼讓你看不過去的事，不管對方說了什麼傷害你的話，或是純粹舉止你認為很白目、腦袋有洞……我們都應該給予每個人全然的尊重。

你可以對他義憤填膺，也可以打從心底討厭這個人，但說什麼也不應該不尊重他。

為什麼？我的理由：

1 若他年紀比你年長

年紀有時候不代表什麼，常常它只是個迷惑人的數字。

然而，年紀比你大的人，可能比你歷練更多，看的世界比你廣，懂得你不懂的事。所以若他的某項舉動令你不解、氣憤，背後也許有你所不明白的原因，你若願意虛心謙卑尋找，也許你能發現因年歲而累積的智慧。

2 我們都困於某種身分裡

在社會網絡中，我們都身兼多重繁複的身分，也需滿足某個身分所該呈現的模樣，並執行這個身分所該做的事。

如果是一位老師，就會做出老師該做的事，照樣身為丈夫、妻子、執法者、公務員、學生等，也是一樣。

身分不同，角色不同，思維也不同。

有時你不滿意一個人的所作所為，也許是因為他當時需扮演好那個角色所該呈現的面貌，即使那不是他的個性，即使他內心有千百個不願意，他也不得不這麼做。

這，才叫做專業。

3 你是個有水準的人

如果你能給人尊重，那是因為你尊重自己。

你知道你的本性不會因為遇到不同人而改變，所以不會尊重某些人，怠慢某些人。因為你不是個輕浮、沒有原則的人，不是個瞬息萬變、牆頭草的兩面人；所以，你不會因為別人對你如何而變換嘴臉、作踐自己的品格。

4 你也同樣是一個「人」

因為你重視他人身為「人」的價值。

他也是個人，你也是個人。既是一個人，就有情緒、脈絡、故事，與多維度的複雜性；他有血有肉，有父母養，有愛人疼，被罵會難過，受傷會哭泣，和你完全一樣。所以，請你把人當人看。

他不是路邊野狗或過街老鼠，而即使是野狗與老鼠，也值得你更好的對待。

5 每個生命都是獨一無二的

每個人都有自己的喜歡與不喜歡。「只要我喜歡，有什麼不可以」已是過時、眾所撻伐的廣告詞；比較貼切的說法應該是：「只要他不喜歡，我就不可以。」

如果你能清楚沒有兩個人是一樣的，並能經過觀察、對話找到對方的界線，進而尊重它，這會是一件在現代社會中珍稀罕見的美事。

尊重那個人的界線，就是尊重那個人。

6 「先後」可能沒那麼重要

你可能覺得是對方「先」不尊重你的。

你想，當對方「先」尊重你的時候，你才願意給出尊重。畢竟每個人都需要受到肯定、被看見。但其實**就算你沒有「先」從對方得到，你也可以大方、有風度的「先」給出尊重。**

如果你能給人尊重，那是因為你尊重自己。

給予是件美德，也許短時間內會因此吃虧，但當時間拉遠，因給予而吃虧的人少有人在。

有時**反而因你願意「先」一步給予，將讓人看出你的心理層面更成熟，也會因此贏得人的尊重。**

7 不尊重，不會讓你贏得尊重

我們都習慣以牙還牙、以眼還眼，都無法忍受不公平的對待。

然而，你不需要透過貶抑他人的方式來維持自尊，你也無法藉著不尊重人來贏取別人的尊重。

尊重就像打哈欠一樣，會傳染、會滲透，當你情不自禁大打哈欠時，看見的人也會不自主地哈欠連連。

若你能尊重那些原本不尊重你的人，相信在不久之後他們也會反過來尊重你。

8 話語是世上最有力量的一件事

我們都有那種因人一句話而耿耿於懷，夜晚因此變得漫長難熬的經驗。往往言語帶來的精神虐待，比肢體的更加暴力。

每個人的嘴巴都掌握著能為別人帶來痛苦或歡喜的能力；你的話可以傷害毀滅，也可以溫柔療癒。

若你曉得你的唇舌可以為人開啟地獄或天堂，也許你會更謹慎那些從你口中溜出去的話。

9「用心」比「對錯」更重要

有人可能做事就是比較白目，也許他一再挑戰你的容忍底線，但撇開結果不談，你有沒有看見他的用心呢？

一個人的用心，看眼神中的專注度就曉得。

沒有人完美，我們都有疏漏、迷糊、做錯的時候，但事情做得如何是一回事，有沒有用心又是另一回事。

你要一個沒有靈魂的完美，還是個有溫度的缺憾？

你要一個絲毫不在乎你的旋轉壽司Bar，還是個偶爾會濺出幾滴水在你袖口的微笑侍者？

10 若你想要有所學習

每一個人身上，必然有幾個值得你學習的事物；但前提是，你得先尊重他，才能看見那些事物。

如果你不尊重一個人，你會視他為透明人、障礙物，或視他為令你眉頭一皺的風景，甚至會妖魔化這個人。

是的，也許他身上有九十九件讓你反感、令你不欣賞的特質，但至少總會有那麼一件是值得你正眼注視，是你身上所缺乏的特質。

但你若無法給出基本的尊重，你眼睛就會被蝌仔肉糊到，一輩子也看不見這件事。

這豈不是太可惜了嗎？

關於尊重，其實我們都還在學

孩子們從沒有看我這樣說話過，看見我話語中帶著無比的嚴肅、深切的專注，與脈脈的期許，他們有些訝異，不自主神情也凝重了起來。

我看得出來他們在思考，正努力消化我一口氣說出的這段長篇內容。

一個月過後，期末到了，我決定邀請這位老師來到班上，讓班上同學有機會和他對話，彼此說出內心的感受和堆積已久的情緒。

生命中都會有一些片刻，像稀有動物那樣珍貴，就這樣出沒在你眼前，投你以一笑。你會暫緩腳步，為眼前的美而感到驚顫。

這天，就是這樣的一個片刻。全程，我無聲傾聽，看孩子們如何與這位老師互動。

和這位老師經過一個學期的跌撞後，這天孩子們都靜下心，看一看大家從這段緊張，令人氣餒的關係中，是否能夠學到了什麼寶貴功課。

有些學生反映老師不理學生，不關心大家；有些說他常用成績壓迫學生，動不動就提到成績；又有人說因為頭幾次和老師相處的誤會，對他產生偏見，因此後來都挑他語病，嘲弄他說話語速較慢的特性，讓他上課不好過。

但也有孩子說到這個老師的其他面向：他在進班時的無奈與沉重，他在我們班上嚴肅少笑容，但在其他班卻神采飛揚；另有人說覺得無論如何，學生仍該對老師保有尊重的態度。

聽完了近一個小時之後，這位老師幾乎始終都安靜聆聽，接受學生們對他無論好與不好的回饋。

最後，他開口了，分享了一個隱藏在他內心深處多時的故事。

他說起了來到這所學校之前，他隨著公益團體，在全台四處陪伴原住民的孩童時，他是多麼細心陪伴、熱情付出，表達他對每一個生命的尊重。

直到一天公益團體與媒體合作，他收到了一份要求對這些孩童評比的表單，表單需評估

> 每個人身上，必然有值得你學習的事物；但前提是，你得先尊重他，才能看見那些事物。

孩子們經過這些課程後的成果，並實際為他們打分數。

當下，他蹙起眉，感覺自己被出賣了，覺得自己身處的機構，就像外面無數間的教育單位一樣，以冷漠的分數來評斷一個孩子的成就。

不久後，心灰意冷的他離開了那個單位，來到這所實驗性的學校，一個他覺得遠離成績與冷漠的地方。

他停頓了一下，眼淚從他細長的臉頰滑下，但表情卻更堅毅了。

他說自己可以接受學生們對他任何的批評，但最讓他難過的，是學生不喜歡他的原因，竟是因為他用成績來打壓他們。

透過學生的口，他看見了一個不曾認識的自己，於是他流淚，我坐在一旁也跟著流淚。

學生在整個過程，安靜地圍坐在這位老師腳邊，聆聽，被這些真實的故事觸動，心裡激起大小不一的漣漪。

最後我也簡短的分享，我說，這位老師也許害怕，也許掙扎，但他從來不逃避，他也欣然接受大家的意見。

這天，這位老師所流露出來的，是一種真誠、純粹的東西。這種純粹，讓我感動，也讓在場的孩子們感動。

我忽然想起敘事治療大師吳熙琄老師曾說過的一段話：

「一個人活著，就是要被欣賞、被尊重。尊重他的呼吸、尊重他的發怒、尊重他生命中的所有。」

這一天，在這些敞露心房、真心以待的時候，我們彼此尊重了彼此的生命。

在「尊重」這件事的領會上，我們都往前了一大步。

認識自己的「不能」

「經過了這一切，妳終於發現了自己的『不能』。」
我對學生柔聲說著。

一天和同事聊到學生們的近況時，她一段妙絕的話，讓我思忖很久：
「從前的年代大家都苦，但從來也沒聽過玻璃心的孩子，也許當時的孩子不知道自己的心竟然『會受傷』，竟然有權利受傷；現在的孩子受家長呵護備至，卻反而動不動就喊受傷、心碎。我覺得啊，現在的孩子沒有公主命，就不該有公主病！」

孩子們這樣的趨勢早已不是新鮮的話題了：自我意識過剩、自我感覺良好，看了太多迪士尼與好萊塢電影所養成的極端樂觀——「只要夢想得到，就做得到」——的自大心理。他們的成長歷程就像音樂盒舞池裡的玩偶，無論如何地轉啊轉，時刻都活在讚美歌聲的圍繞中。

他們不太能接受自己失敗，面對困境時缺乏經驗，常感到無所適從。

總有一天，他們將從被保護的世界，走進「殘酷冷漠」——也許是學校、實習或職場——的真實世界。

在這個現實世界中，鳥事總是多於好事，不開心的事遠比開心的多，不公平的事會持續發生，滿滿希望將會幻滅成失望，甚而絕望。

此時，我們該如何為自己的心靈建立篩選器，不讓這個世界的黑暗將我們吞滅？

我頓時想到《小王子》裡的一句哀嘆：「我的玫瑰花的生命是脆弱易逝的，她只有四根刺可以保護自己，抵禦世界，我卻將她獨自留在我的星球上了。」

每個即將面對真實世界的孩子，就像嬌嫩初長成的玫瑰花，該如何溫柔呵護、細細照料，使之長出力量？

面對挫敗時，我們可以選擇讓自己的花朵遭受攀折，丟棄任她萎凋，也可以重新滋養、澆灌她。讓她雖然只有四根刺，卻能有抵禦全世界的力量。

從這幾年陪伴學生的經驗裡，我發現孩子們在面對困境、失敗時，若能擁有這四種思維，結果會很不同：

老師該教，卻沒教的事

1　戒掉以完美為目標

因為不容許自己犯錯，許多孩子都抱持著必須完美的心態苦撐。

我總會提醒他們，**完美並不存在**，我們若已經完美，也不需再學習了。

我告訴孩子們：別將完美當目標，而該把學習當目標。

期末，一個學生出現在我面前，苦悶的愁容，讓我差點忘了她剛入學引人注目的笑容。

隨口問了最近的狀況，她三句不到，眼淚就開始奔流。

她說，愈來愈害怕與人合作的場合，因為不懂得拒絕。

她常自願當組長，承擔了同學們不願意做的事，令她常整夜趕報告，半夜在房間裡默默崩潰。

逼近能力極限的時候，她數度想放棄，休學的念頭揮舞不斷。

她沒有想到，自己的主動竟成了懲罰，而熱心也成了噩夢。

我靜靜地坐著，不停遞給她面紙。聽她說了近半個小時，讓她盡情發洩壓抑。

話語好不容易找到停頓的休止符，但眼淚仍繼續流著。

我用接近氣音地柔聲詢問：

「那，從這麼多痛苦、流淚、崩潰的過程中，妳有沒有學到些什麼呢？妳覺得這一個學期對妳而言值得嗎？」

大概沒有猜到我會這麼問，她停止了哭泣，陷入沉思。

我讓出一個自在的空間供她思考，並努力用最有支持性的眼神凝望著她。

她終於說話了：「雖然累，但是值得，因為真的學到了非常多！」

於是我又回歸寧靜，讓她找到說話的音符，繼續說、說、說。

這一次，談到在這段經驗中的學習，她愈說愈起勁，臉上慢慢綻開了笑容。

剛入學那種懷抱希望的眸子，又重新在她臉上出現。

等到她真的都說完了，最後，我又丟一個問題給她，說我發現她其實還學到了一個很珍貴、很珍貴的事。

她不明白，直問我是什麼。

我帶著淺笑告訴她：「經過了這一切，妳終於發現了自己的『不能』。」

她露出我意料之內的疑惑表情。

我心想，總算換她聽我說了。

「妳發現了妳『不能』管好妳的組員，帶動他們完成任務；

「『不能』把每件事做得完美無瑕，把自己搞得疲憊不堪；

「『不能』堅持自己當初進入學校時的夢想，過了一學期就想放棄；

「『不能』總是保持樂觀、正向、積極的態度，丟棄了笑容；

「『不能』控制自己的情緒，反而常常崩潰，對同學發脾氣。

「以往的妳，都覺得自己很優秀，可以把許多事情做得很棒，也能討老師的歡喜。然而，經過了這些沉痛的經驗，至少**妳認識了自己，認識了自己的限制，認識了自己的『不能』；在未來，也才知道可以如何針對這些狀況改進，讓自己再突破、再成長。**

「而這些體會，都是妳在遇見這些困境之前所料想不到的，不是嗎？」

聽完我的長篇大論，她側著頭，若有所思，好像多了一點似懂非懂的啟示。

最後，帶著對自己的新認識，她開心地跟我說bye bye，並告訴我不會再想休學的事了，而會在下學期好好調整自己的腳步，讓自己穩穩地再向前走。

2 停下無限上綱的想像力

經過了一個寒假不見，因為掛心這位學生的狀況，開學時在走廊遇見時，我就率直、半開玩笑地問：「還記得放假前，妳哭嚷著想要休學，快活不下去的樣子嗎？現在呢？還會有這樣的念頭嗎？」

她略微害臊地回答：「早就沒有了，我現在過得很好，還很驚訝當時自己的反應會這麼激烈呢！」然後蹬了個腳，匆匆進班上課去了。

我愣了一下，想起了多年前曾因感情因素，有一段時間自暴自棄，彷彿覺得沒有明日的自己。

這件事在旁人眼中，是小菜一碟，但在我的心裡，卻是一整個世界。然後遇見了一些人，體會了一些事，那個絕望的自己如同蛇脫去了舊皮，振作起來，反倒嘲笑自己當初太小題大做，和這位學生同個模樣。

我突然升起一個古怪的念頭，覺得每個人的心裡，都埋伏著一頭自我腐蝕的小怪獸。我們若常和內心裡的小怪獸建立感情，牠會不斷滋養、茁壯，成為難以擺脫的巨獸。**那些曾經受傷的畫面、失敗的經驗、遭拒絕的困窘，都能藉著記憶與想像力，被擴寫、渲染、詮釋，然後在自己無數次凶殘地按下重複播放鍵後，成為固著的傷痕，深深困住無法自由的靈魂。**

不知不覺，我們成了一個終日忿忿不平的怨懟者、習慣性的受害者、希望的棄守者，舉起十指，哀聲指控全世界愧對自己。

恐怕，真正傷害我們的，就是我們自己。是我們賦予惡獸無限上綱的權力，吞吃大片美麗的江山。

在失敗後對你毫不留情痛批的、在犯錯後對你撂下狠話的、在面對好運時不斷吐槽你

> 我告訴孩子們：別將完美當目標，而該把學習當目標。

的、在開心時常提醒你舊瘡疤的、在失望時讓你陷入絕望的，這些死忠的反對者，不變的都是我們自己。

沒有真正的真相，只有我們所相信的真相。不要低估自己扭曲現實的能力。

然而，**詮釋事情的選擇權，一直都在我們的手上。**

在面臨困境時，若可以暫停思考一下，就知道我們永遠都還有機會，仍可以運用心靈轉化的潛力，看見烏黑山嶺另一頭的微光世界。

3 找到自我價值，培養不受傷的能力

開學兩個月後，很奇妙的，這位孩子帶著眼淚浸濕的花臉再度出現在我面前。這次，她說，是受不了某位老師始終沒看見她的努力。

在期中活動表現中，即使她全力以赴，老師也只看見了她沒做好的小瑕疵，而忽視她一次又一次的付出。

最讓她崩潰的，是老師甚至還在全班面前點了她的名字，說她不夠用心，讓她當眾受屈辱。

自此以後，她不喜歡每次老師看著她時，露出的一種微妙無奈的神情，彷彿覺得她在擺爛，而對她失望透頂。

她渴求被看見、被看重、被肯定。

我試著問她：「**在這個辛苦、不容易的過程中，妳可以舉出三件自己做得好的地方嗎？**」

她揉揉眼，不猶疑地說了五點，並且作勢還要繼續說下去的樣子。

我趕緊微笑打斷她，接著問：「**老師對妳這些努力的漠視，會讓妳的努力變為不存在嗎？**」

她說當然不會。

我接著說：「是的，老師一定有沒做好的地方，她不該對妳的認真視而不見。但妳從這樣的事件能帶走什麼學習，是帶走一肚子的怨氣？還是自憐又自艾？內心的受傷，是滋長憤怒最好的花園，看看妳現在有多麼的憤慨就曉得了。

「從對方的眼光中，妳一定找得到可參考的意見，並修正自己的行為，但絕不是無止境的迎合、無條件的接受。難道老師這麼說妳，妳就會成為她口中的那個人了嗎？

別人的話就只是一個聲音，而聲音碰不著你，除非你允許它碰得著你。

「很快這個活動就辦完了，到時候，所有他人的言語都不會在妳旁邊出現了，妳還會讓這些傷害的言語如影隨形嗎？到時候，只剩下妳自己，和妳對妳自己的評價。妳有否找到自己的價值？而不是照他人眼中的妳而活。

「妳真的不好嗎？就算所有人都看不見妳，沒有看見妳的好，沒有發現妳的不可或缺，那又如何？除非妳覺得如何，才會如何。不是嗎？

「別人的話就只是一個聲音，而聲音碰不著妳，除非妳允許它碰得著妳。妳無法控制別人的口，但妳只要夠有智慧，就可以決定自己的心情，培養出不受傷害的能力。」

4 適度負面思考，大肆慶祝失敗

當學生們在困境、焦慮中打轉、沒有方向時，我都會建議他們對失敗採取開放的態度，試著「負面思考」一下：「如果你選擇放棄，那又如何？假使真的說出那句話，會怎麼樣？若完完全全搞砸了，然後咧？」

雖然我們該拒絕成為想像力的奴隸，但大膽地設想自己「全面失敗」會面臨的最糟狀況，卻是個很有效的策略。

聽到這樣的問題，孩子們通常都會注意到潛在的威脅，並轉換思維回答：「若真的……大不了就是……」

設想過最擔憂的恐懼，才有機會面對它；知道黑暗存在，面對它時，才不會毫無防備；承認自己害怕，自己有可能會失敗，就能知道如果願意，便有機會擁有擊敗黑暗的力量。即使失敗了，這樣的失敗也不是二流、毫無價值的失敗，而是努力嘗試後、值得紀念，甚至值得「慶祝」的失敗。

知名的手遊app「部落衝突」的遊戲公司Supercell成功的其中一個因素，就是一種奇特「慶祝失敗」的文化。

在「部落衝突」一炮而紅之前，他們歷經了十四次被迫終止開發的遊戲專案。但只要失敗一次，執行長就帶著員工們開香檳大肆「慶祝」一番，在輕鬆歡樂的氣氛下，回顧失敗的原因，也鼓勵大家繼續冒險，將失敗視為下次鋪往成功之路的機會。

有時候，失敗才是更好的。因為你跨出步伐，才會失敗；然後你正視失敗，向失敗學習；若再失敗，也就再有更多學習的可能。

在努力嘗試後的失敗，是值得「慶祝」的失敗。

受傷了，才懂得堅強

我們都不喜歡示弱，不喜歡讓自己脆弱的一面被看見。畢竟這常是周遭人們對我們的期待。

「開心一點」、「堅強一點」、「看開點」、「明天會更好」這些安慰人的言詞，彷彿在暗示現在的對方不夠好，是個該被矯正的狀態。

然而，**露出脆弱的一面並不可恥**，可恥的是不知道自己的脆弱，並對自己的問題渾然不知。沒有受過傷，就不懂得什麼叫做剛強。

如果我們可以學會在自己盡力之後，承認自己的不完美；遭遇失敗的時候，不做悲情主義者，反而平靜地挖找其中蘊藏的功課；不小心受傷時，不憐惜自己的苦痛，不責怪人、事、物，反而把傷痕看作力量的泉源，相信我們將成為更堅強、更勇敢的人。

找到熱度，對抗冷漠

國二所發生的那件事，我不僅失去了一個最好的朋友，也失去了內心一部分的純真。

冷漠是怎麼形成的？

冷漠，是個無處不在的現代病；從學生時期，我們就開始逐漸發展出屬於自己的冷漠，至少我的生命經驗是這樣告訴我的……

在國二的時候，我和最好的朋友愛在下課時，扮演各自喜歡的武俠巨星，在走廊打鬧、

老師該教，卻沒教的事

追逐，沉迷在兩個人所創造出的想像世界裡。

一天下課，我的好友無意擦撞到走廊經過的幾個高年級男生。轉眼之間，他們冷不防就將我的好友踹倒在地，惡狠狠的拳頭落在他的臉上，桌子、椅子無情地摔在他的身上。

三分鐘後，當群毆的人們散去，我的好友蜷縮在牆角，留下一臉瘀青與驚嚇。而被恐懼佔滿的我，則呆站在遠遠的柱子邊，雖有想幫他解圍的衝動，但腳卻不由自主向外走遠，隱身在冷眼旁觀的群眾之間。

因為自責、尷尬，或羞慚，從此我們漸行漸遠。

好友看我的眼神，從那天起就改變了，而悔恨也使我退縮，不敢和他說話。當下我知道，我失去了一個最好的朋友，也失去了內心一部分的純真。

往後的幾年，陸續在我身上又發生了幾次霸凌的事件。

在一次又一次可怕的經歷中，我學會了恐懼、仇恨，與自卑。

因為恐懼，我找到了學校裡堅實的流氓靠山；因為仇恨，我開始一個個報復之前的受辱；因為自卑，我用凶狠、冷酷的外表偽裝自己。

不久後，我從被霸凌的對象成為霸凌人的對象。於是，霸凌完全改變了我的國、高中生活，每天上課書包裡背負的，不只是書本，還有沉重的壓力。

原來，霸凌後的餘留物，不只是身上的瘀傷，還有扭曲的心靈、強裝的冷漠。

我永遠忘不了國、高中那段陰影，這些記憶會伴隨我一生。

我實在痛恨那樣的自己，痛恨自己的愛莫能助，現在回想起來，偶爾仍會令我隱隱作痛。

長大了一些之後，這個記憶像不付錢又趕不走的房客，定居在身體裡，讓我常徘徊在那一刻，想像若是情節改變——硬著頭皮走出去，即使被打倒在地，也要捍衛我的摯友——那生命的光譜將會帶來什麼改變？

但無論我怎麼希望重來，卻無法改變既成的事實；我用冷漠，讓關懷枯萎。

我們都不喜歡冷漠，但我們常置身於這個冷漠的共犯結構之中，嘴裡抱怨冷漠，行動卻全是冷漠；我們雖然無法阻止別人的冷漠，但對於自身的冷漠，我們就無權說事不關己，否則就是對自己冷漠。

自己的生命經驗加上與年輕人相處的這幾年裡，我觀察到有三種冷漠的類型頻繁出現，在生活中交錯存在：

1 對「人」冷漠：演一齣我們的戲

在二十一世紀的教室裡，常會看到一個場景，就是即便學生們同處在一個空間裡，卻可以毫無交流，封閉自己成為一座孤島，用耳機、手機屏障了所有的接觸。我們不傾聽，這是一個不傾聽，不願意傾聽的世代，**我們只聽自己的聲音，只聽自己想聽見的聲音**。

老師該教，卻沒教的事

更有甚者，當我在校園內看見霸凌的場面，不論是以肢體或言語的形式出現，都已經夠讓我心碎，然而最為寒心的，是發現許多存著看戲心態的學生們。

可能他們心中想著：「反正不是我出事。活該，誰叫他平時顧人怨。可憐之人必有可恨之處。」

我常納悶，他不就是你朝夕相處的同學嗎？不就是和你一樣有感覺、有夢想，被罵會哀淒、被打會閃躲的人嗎？

像在看電影一樣，他們嘴裡啃著爆米花，冷眼觀賞這齣戲會走向喜劇、悲劇，還是鬧劇。

我想像當德蕾莎修女看見這個畫面，大概會溫柔地說出她的名言：「愛的反面不是恨，而是漠不關心。」但我沒那麼有修養，我真想扯著他們的耳朵吼叫：「大家不要再看戲了，下來一起演戲吧，這是我們的人生！」

我們想受人支持，但我們常用言語傷害別人、落井下石；我們希望夢想成真，但當別人追求夢想時，我們有時卻偷偷希望看著他墜落。

其實，這都在於選擇，每個人都有上進的機會，也有下墜的可能。

我們可以給予支持，鼓勵他們朝著自己的亮點前進，發展自己最棒的特質；也可以嘲諷、無視他們，讓他們朝向自己的屈辱滑落，壯大最害怕的弱點。

沒有人理當是一座孤島，也沒有人該讓身旁的人活得像孤島。

2 對「事」冷漠：我只怕你們不哭

在校園內，我隨處都可以看見一些冷漠的事，每天在眼皮下重複發生，特別是這些時候：當老師問說誰願意主動幫忙（特別是成績不會加分時），當廁所馬桶裡的垃圾滿出來（沒錯，我說的是馬桶），當幾個人要一起合作完成任務卻必須共同被評分……

最典型的例子，也許是放學的打掃時間吧！在分配完掃區，每個人都有任務之後，學生大多能完成自己的本分，但對於其他人的掃區是否完成、需不需要幫忙，往往都視而不見。

這種狀況在遇到有人請假時，更是慘不忍睹；特別是倒垃圾的同學請假時，就會看見教室後方高聳的垃圾桶，無人聞問，沒有人願意補位，共同承擔。

我常和孩子們說：「班上髒亂，是有些人存心忽視，不願意多做一些舉手之勞；班上吵鬧，是某些人不願意站出來當黑臉維護秩序，容許吵鬧的人繼續吵鬧；班上有人不守約定，任意妄為，是因為你們只想發好人牌，容許少數人破壞約定。」

冷漠像無性生殖，會自我繁衍；也像瘟疫，會相互竄延。

沒有人理當是一座孤島，也沒有人該讓身旁的人活得像孤島。

有一次，在辦完一個大型活動之後，一些負責的孩子因為覺得表現不夠優秀而難過流淚。但也有一些人叉著手，把活動搞砸了，也絲毫無感，還竟嘲笑那些難過的人過於認真。

我有感而發：「**我不怕你們哭，我只怕你們不哭；眼淚表示你們仍有熱度，表示你們努力過、爭取過、在乎過。**」

3 對「自己」冷漠：找回自己的溫度

冷漠的最令人驚駭的模樣，是對自己漠然、無感。

從學期初始到結束，總會看見幾個孩子在任何課程中都提不起勁，毫無任何動力。在私下探尋後，也說不清究竟自己喜歡什麼；終日，就是埋首在小小的螢幕中，玩著日新月異的遊戲，聊著說不完的話，面無表情地傳著內心戲十足的貼圖。

遇到這樣的學生，我都會憂心忡忡地懇求他：

「請向『外』尋找，也向『內』尋找，尋找自己此時、此刻，在此地的原因，找到自己投入的意願，找到存在的意義，不要讓任何原因埋沒了潛藏的能力。」

能完成人生的目標，相當值得喝采。但**光是有山可以征服，就是一種幸福；光是找到目標，知道自己下一個要攀爬的山岳，就值得歡喜跳躍。**

在我所在的學校——開平餐飲——的學習中，老師們竭盡所能，創造出大大小小的舞台，營造微型社會，舉辦各樣的活動，讓孩子們找到自己的亮點。

開平餐飲學校提供

在活動中，我才慢慢發現：

我們以為學生在做這個、做那個，在舉辦這個活動、在執行那個任務，我們以為他們在向外探索，展現自我。

但實際上，這一連串展現的過程中，他們乃是置身於內在自我認知的大航海時代，在這些無數次波蕩起伏的內心啟蒙中，他們找到了自己；甚至，有時候，會不小心找回了自己……

冷漠會傳染，但溫暖也會

我們的冷漠，有時是因這世界所教會我們的就是如此。

也許擁有了太多受創的回憶，使我們習慣封閉自己、保護自己、不信任別人。也許是怕多做一點，被人看作多餘礙眼，而讓自己覺得像過動的白痴。

但別忘了，在我們胸口裡，仍然同有一顆熱熱跳動的心。

所以，請打破那個習慣冷漠的迴路，建立起新的習慣機制。

不要壓抑你心中小小的溫度，無論那是善意、難過、刺痛或不舒服，讓跳動的心繼續跳動，讓火苗成為火炬，去參與、去改變、去創造。

冷漠會傳染，但溫暖也會。

一個人真正的「長大」

「你贏了嗎？」
「你成績幾分？」
「你有沒有得獎？」
「你得第幾名？」
大了一些之後，你會知道更好的問題可能會是：「你學到了什麼？」

當老師以來，第一次，陪著高一的孩子升上二年級，腦中頓時冒出大手牽小手的畫面。拉著他，步步走過平路、緩坡，小心翼翼舉高他的手，踏上第一級階梯，深怕他跌傷了，卻也更怕呵護他太過，沒嘗過哭腫了紅眼，跌跤再學會站起的滋味。

心裡只期盼，他能一步步探索，直到邁出沉穩的步伐，找著自己的路。

成長是什麼？

回頭一望，發現其實這四百多個孩子過了一年，驀然間都長大了一點，改變了一些。

但所謂的長大到底是什麼呢？其中一個孩子的轉變，讓我印象深刻……

一年級剛見到這位學生時，她瞳孔中散發著機靈聰慧，身上有股停不下來的衝勁。

開學的第一天，她就舉手爭取擔任班長，希望能帶領班級向前，她也如願以償。

她是個正義感十足的俠女，剛開始碰到班級吵鬧或不和時，她只會用唯一的一招處理，就是扯開嗓門，大聲吼全班。雖當下有用，但僅僅招惹大家的反感，班上慢慢不再理會她，偶爾也會回嘴嗆她兩句。

經過好多次的挫敗後，她沒有放棄，反而日漸轉變自己的方式，開始蛻變。

她學習放下身段，以觀察入微的特質，試著用同理心看待周遭的同學。

一天又一天，她漸漸能不只看見問題表面的狀態，還能深入同學們背後的心理，更能去理解、同理他們，甚至她還能善用這份同理心，默默幫助身旁的同學，正面影響班級的氛圍。

一年過後，她已經是班上不可或缺的靈魂人物。

她是凝聚人與人之間的膠水，是能搭起不同意見的橋梁，是化解恩怨的和平締造者，也是稱職受尊重的領導者。

從這位孩子的身上，我發現成長不是一個外在的數字。

當你滿十八歲生日的那一刻，你也許「成年」了，但你不會突然就「成長」了。

成長，是經歷過一些事、有了一些領悟、獲得了一些啟發，並對生命採取了另一種高度的眼光。

對照著他們生命在短短一年內變換的軌跡，我的心中有一份感動；隱隱約約，我看到了九種關於成長的面貌：

1 世界的中心，顯然不是你

看見自己不再是居於世界中心的天之驕子／女。

有一天，你會恍然大悟，看見台灣不是世界的中心，你也不是台灣的中心。

沒有人會圍著你打轉，忙著討好你；沒有人有義務安慰、照顧你的情緒，聽你無止無盡

成長，是經歷過一些事、有了些領悟、獲得了些啟發，並對生命採取另一種高度的眼光。

的牢騷。

沒有什麼是理所當然，沒有什麼是你說了算。不是聲音大、拳頭硬、人找得比較多，靠著死纏爛打，就能達到你的目的，就能得到自己想要的東西。

你所盼望的事情，不管有形或無形，都必須自己爭取。沒有人會卑躬屈膝地雙手奉上你所想要的事物；所有你渴望擁有的，你需要運用練就出的實力，用你逐漸發育完成的健全腦袋，去說服、去馴服、去征服。你有多少的渴望，就得拿出多少的行動。

2 標準答案不復存在

沒有任何人可以為任何人提供標準答案。答案不會握在某個人的手中；每一個擲地有聲、對自己有意義的解答，都得靠自己去尋找。

小時候，父母是我們的神，他們口裡所吐出的話就是不容質疑的聖旨；大了一些，我們各自有自己崇拜的男神、女神，他們的言詞、舉止令我們遵循；但再過一些時候，你終究會發現，他們也不過是有偏見、會犯錯的血肉軀體。

因此，關於人生，關於選擇，你開始不再需要費神去尋找某個人，給你一個什麼神來一筆的建議。**你需要費神的，是去尋找原本就隱藏在你深處的，那個細微低吟的跫音。**

3 找到自己的聲音

成長，是一條回歸自我的路。

在領悟標準答案不存在之後，你會開始脫離盲從，試圖尋找自己的聲音，成為自己想要成為的樣子。

你會發現這個世界存在著太多矛盾之處，認清所謂的「教育」無法教你如何面對人生，太多的喧囂與咆哮讓你厭煩，於是你著手從網路、書籍、人群、生命經驗中擷取觀點，建立起自己的篩選器，進而建構自己的價值觀，訓練理性思考，分辨屬於自己的對與不對，找到自己的信與不信。

你開始多和自己對話，建立起思考的習慣。

讓真實世界所發生或大或小的事成為最生動的教材，讓每次的成功經驗成為你獨有的祕密，讓每次跌得狗吃屎的失敗經驗成為你的教戰手冊。

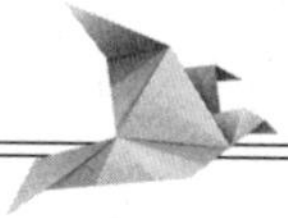

每一個擲地有聲、對自己有意義的解答，都得靠自己去尋找。

然後，你會珍惜你從人生中萃取出來的生命觀點，這會成為你內在的完整與完滿，讓你成為一個自主獨立的人。

4 一切都得等你自己情願

你可以任憑自己擺爛，直到世界的盡頭。你真的可以。

長大的其中一個深具媚惑的權力，在於再也沒有人可以逼你做什麼了。每項事情都是自願的，你想學就學，不想學，也不會有人求你。你想學，你可能會接受最多的壓力，花費最多的時間，但也相當有可能，你將獲取最豐碩的成果。

終究你會領悟，把付出當白痴的人，自己反成了白痴；把給予看作多餘的人，自己反成了多餘。

然而，當你真的情願決定做某一件事的時候，你就得準備好承接這事衍發生的所有狀況。

幼稚的人一發生事情，總是推得乾乾淨淨，避重就輕，好像從來不關他的事；成熟的人不再將失敗歸咎給身旁的人，他會堂而皇之的承擔起自己決定後的責任。

5 看見自己的有限

長大意味著看著自己的身形愈來愈大，卻發現自己一個人在這個世界中徬徨無依，存在感愈來越渺小。

因此，你必須把自己擺進人群的脈絡中，必須學習觀察團體中每人的亮點與缺乏，並且找到一個夾縫，把自己塞進去。

在驕傲與謙卑的情緒中找到平衡，在卑屈自己與佔人便宜間找到平衡，並探尋出一個自己在人群中的定位。

你將明瞭，錯綜複雜的人際關係，是一面展開在你眼前的明鏡。**所遇見的每個人，都能讓你回過頭認識自己多一些。**

這多角度，毫無死角的鏡子，只要你願意觀看，將發現在它面前，自己的缺陷與美麗全都一覽無遺。

看見自己的有限之後，你才會知道自己可以做什麼，不能做什麼。

摸清自己的底細，探索自己的邊界，然後才可能再往外出走一點、往前邁進一點。

6 找到抱怨的底線

一個人的人格素養，不在於他成功、風光、開心的時候做了什麼，而在於他挫折、低潮、憤怒的時候做了什麼。

遇到不如意，抱怨總是發洩情緒最自然省力的方式，就像癢了會抓、餓了會吃一樣，生物本能很難抗拒。

抱怨本身沒有問題，有問題的是，你在何時、何處、向何人抱怨；還有是否提防抱怨所帶來的副作用。

抱怨最大的殺傷力，是它會中斷思考，讓人停止理解事物背後深層的原因，嚴重的話，甚至會阻斷你的行動，讓你變成「動口不動手」的小孬孬。

有時候，成長意味著在痛快地抱怨完之後，繼續挺身面對那些討厭，卻需要完成的事。

成熟的人知道自己抱怨的底線，他清楚忿忿不平只不過顯示出內心的空虛；而批評、碎嘴也只是表示自己沒有解決問題的能力。

他不會永遠處於自我感覺良好的幻象裡，他會適時的提醒自己走出抱怨的快感，並投入充滿問題的世界。

7 表面往往只是偽裝

成長的一個令人不太愉快的事實，是在於看見事物常不是表面上看起來的那樣。發現背後世界的黑暗、詭譎，與太多不能說的祕密。

你會驚訝地看出，舌粲蓮花的人可能包含著禍心，外表美豔的人內心可能全是空殼，包裝華麗的產品可能只是垃圾。

但一段時間之後，你就不會這麼容易受騙，不再以表象來斷定結論了。

你會開始觀察事物背後的潛規則，並找到自己理解世界、接受世界，並存活於世界的方

式。

如果幸運，你會逐漸鄙視那些華而不實的腦包、敗絮其內的花瓶，並竭力讓自己不成為你所痛恨的那種人；然後開始增長你的內涵，更多發展那些看不到的，需要時間養分才能培育出的珍貴品格。

8 學到的比贏得的更可靠

「你贏了嗎？」「你成績幾分？」「你有沒有得獎？」「你得第幾名？」

大了一些之後，你會知道更好的問題可能會是：「你學到了什麼？」

因為你清楚，**學到的比贏得的更可靠**。

贏得的會失去、分數會被遺忘、獎盃會被雜物淹沒、名次也終將歸於虛無。

但，那些從失敗或困境、憂傷與眼淚中真實學習到的事物，沒有人能從你的內心偷去。

而且，最棒的是，這樣的學習並不需建立在別人的失敗上，而是建立在自我的超越上。

> 那些從失敗或困境、憂傷與眼淚中學習到的事物，沒有人能從你的內心偷去。

9 準備用一生來探索一些詞彙的重量

某些詞彙，諸如「愛」、「寬容」、「尊重」……等，原本是你過去不曾注意過的，但隨著心智年齡漸長，你會發現它們低調背後的致命吸引力。

因為你擁有了更寬廣的視野，看見某人在面對決定時的兩難、在某個環境中的道德掙扎；**你認識了事情不是非黑即白，人不是非好即壞。**

於是你會逐漸看見別人的需要，進而發展出同理心，也多了一些寬容和尊重。然後，從這份寬容和尊重中，將會滋養出愛來。

你會開始感到愛是一個沉重、分量極大的字眼。

幼嫩的人，隨口說愛，也隨意拋棄愛；愈成熟的人，愈謹慎說愛，愈認真實行愛。

你於是明白，**這些看起來最簡單的字彙，其實是最艱難的字彙**，也決心開啟了一生追尋、體現這些詞彙重量的旅程。

也許，在人生的任一階段，當你經驗、體會了這九件事之後，你都可以說自己又長大了一些……

培養解決問題的能力

一個孩子對我說，她成了一個邊緣人，她只想找個角落躲起來……

獨自面對世界的時候

那一天，我遇見一位十六歲的孩子。一個多月不見，印象中喜歡打扮、活潑愛笑的她，如今在我眼前的，卻是一個五十多公斤削瘦得不自然的孩子，垂著長髮，兩頰凹陷，雙眼無神，大眼睛哭得眼白充滿血絲，滿臉都是委屈。累積了不知有多少的心事。

老師該教，卻沒教的事

她的Line大頭貼從原本唯美的自拍照，換成了一張空茫的黑幕；原先正常的全名，也改成了幽幽無重量的一個句點。

她說，她成了一個邊緣人，只想找個角落躲起來。談到困境時，情急地流下無助的眼淚。

我嘗試陪伴她……

・首先，我請她試著描述、釐清問題時，她的語言是貧瘠的，繞來繞去都在同一個點打轉。（定義問題）

・接著，請她說出自己期待做出的改變時，她講得混沌不明，說不清楚自己究竟要什麼。（找出需求）

・最後，要她想出要如何改變時，她的淚水止住了，陷入了沉寂、無聲的思考。（解決方案）

此時，我突然有個啟發：**雖然我遇見的僅是這一位學生的困境，但她的處境卻象徵了這個時期孩子們共有的困境。**

成長的其中一個難題，是發現從前可以依靠的人，逐漸隱沒在人生的畫布之後，成了模糊難辨的背景。

而畫布上餘留的主角——你——得獨自面對原有的都市或叢林、大山或大海、荒原或大漠，不再有人可以繼續代替你來面對。

高中時期的孩子會愈來愈頻繁地，遇見這種交錯在人際的迷宮與現實的網羅中沒有標準答案、接踵而來的問題：

- 在做人生重大抉擇時，你要怎麼衡量利弊、分析得失，做出一個相對而言正確、不後悔的選擇？
- 當你有不同於他人的主見時，該如何用邏輯、理性的語言，說服身旁的人，讓他們相信你的決定不是一時興起？
- 在面對感情跌入惡劣關係循環的死胡同，或處於分手前後的情傷期，你要怎麼繼續／不繼續和這個人相處，**處理你們愛與被愛之間的複雜關係？**
- 在眾人都流言蜚語時，你要怎麼拿得定主意，分辨事實或謠言，不被盲從的浪頭影響，**找到自己內在的聲音？**
- 在失敗了、犯錯了、搞砸了之後，如何重新站起來，找到跌倒後的勇氣，仍然緊握希望？
- 在與人合作時，即使厭惡團體間的氛圍，期待化解尷尬，卻不知道如何改變，讓卡在嘴邊的話合適的說出？

往往在遇見這些難解的申論題時，讓我們常常卡在某個節點，即使數日、數月、數年過去，心理上仍走不出來。

「棄逃人生」，還是「企劃人生」？

於是有的人會選擇逃避、放棄，BJ4。

習慣棄權後，你也不知不覺放棄了自己；習慣逃避後，不逃避反而顯得不自在；習慣抱怨後，抱怨就成了你唯一會的伎倆。

然而有經驗的人就知道，冤家總是路窄。**這些打從你心底最懼怕的問題**，就像具有生命似的變形蟲，**隔一段時間就變換個面貌重新逮住你**；外觀改換，但本質仍是相同。最後你會發現，如果你在一件事上過不了關，那件事遲早會換一種方式找到你。

就算你能逃避人、事、物，但你逃不脫的，永遠是自己。

有時候，我們會相信那句老話：「生命會自己找到出路。」但多數時候，生命會迷失，困頓而毫無出路。這句智慧箴言，也許是用在當生命能意識到自己「能」找到出路時，才會找到出路。

在一次又一次，從來未曾成功解決問題時，你就得到了經過反覆測試，卻始終如一的「失敗經驗」。於是你會開始懷疑自己的能力，會覺得夢想的邊緣開始起了毛球，像被貓的爪子反覆撩抓，爆出了內在的恐懼與虛無。

所以，你需要翻轉，需要破解慣性，找到解決問題的能力。

在開平餐飲學校，我的其中一門課是專案課，專門帶學生撰寫活動企劃，舉辦大大小小的活動。在教企劃案寫作時，我總是和他們說：「企劃的本質，就是發現問題，解決問題。」但在活動之外，我覺得，**我們最需要學習企劃的，其實是人生**。

我覺得，面對人生中倏忽萬變的問題，我們必須嘗試去察覺它、揪出它，並解決它；甚至，我們可以開始學習去「企劃」它，並寫出自己每個階段的「人生企劃案」。

企劃人生的三部曲

我發現**首先能幫助一個陷在困境中孩子的事，是陪伴他去面對，去觀察這個困境的模樣。**

如果你在一件事上過不了關，那件事遲早會換一種方式找到你。

老師該教，
卻沒教的事

每一種困境，都有它自身特有的模樣……

・有時像頑強、未熟的蚌殼一樣，怎麼努力也撬不開，但一旦打開了，就不會闔起來了。

・有時像一波波的浪潮，以為過去了下一波又來襲。

・有時像寄生於鯨魚身上的甲殼生物鯨蝨，想擺脫只是緣木求魚，一開始渾身不自在，但時間一拉長，也就習慣它的同在。

・有時像海岸濕漉大石下突然冒出的海蟑螂，嚇得你癱軟在地，毫無招架能力。

讓孩子平靜下來，從第三人稱的視角觀看自己。

將他這個棘手的困境外化，試著用不同角度來看自己的故事，試著對困境有不同的詮釋。

等到孩子能與自己的困境保持適當的距離之後，就可以進入從釐清到化解的三個問題解決階段：

1. 定義問題
2. 找出需求
3. 解決方案

這是當我自己遇見問題時，為自己建立的一套問題解決機制，我稱為危機時啟動的「自救SOP」：

1 定義問題：找到5W

・Why（為什麼）：這個問題為什麼值得處理，為什麼它困擾你？問題的核心是什麼？為什麼必須解決不可？這件事對你的意義又是什麼？

・What（什麼）：到底是什麼令你頭殼脹裂，你最想解決的事是什麼？去仔細的描述這個棘手的問題。

・Who（誰）：被這個問題牽扯進來相關的人有誰？他們分別在乎什麼？你和他們之間有什麼矛盾處，有什麼共通點？

・When（何時）：通常問題都在什麼時間會發生？週末？週間夜晚？做某件事的時候？

> 我常對孩子們說：「我不會幫你解決問題，我只能陪你走到人生的某一段，然後我必須放手，讓你自己走。」

- Where（何地）：通常問題在什麼場合會出現？用餐時？討論時？學校裡？

2 找出需求：探究４F

- Facts（事實）：綜合５W，再次確認你所蒐集事物的正確性。聽聽有沒有不同人的觀點，看看這個問題多元的面向，而不是只用你的角度去詮釋。
- Findings（發現）：進一步看問題時，你發現問題的癥結是什麼？再退一步保持距離看你的問題，你還有什麼新發現？
- Feelings（感受）：這件問題帶給你深沉的感受是什麼？**你能誠實面對自己的情緒嗎？**
- Future（未來）：你期待未來有什麼新的轉機或改變？你預計什麼時候事情能有所不同？

3 解決方案：創造３S

- Strategies（策略）：嘗試為你的問題打造出幾個可以執行的具體策略，你想如何解決你的問題？
- Steps（步驟）：整合你的策略，將它們變成一步步可實行的步驟。你可以跨出的第一步是什麼？下一步又是什麼？

・Solutions（解答）：**凡事必有超過一種以上的解決方法**；如果這個方式行不通，想想看有沒有別的方式？有沒有創造出多贏局面的可能性？

這就是我遇到問題時的SOP，當這些技能慢慢地內化成為習慣之後，就日益能滋長出力量，而不會當面對自己人生的隨機問答時，顯得徬徨無所適從。

「我，想陪你找到面對世界的力量」

制度化的教育無法幫助你面對人生，只有人生可以帶給你這樣的訓練。

我常告訴身處於重重問題之間的孩子們說：

「我不會幫你解決問題，我只能陪你走到人生的某一段，然後我必須放手，讓你自己走。

你若是旅人，我就是北風與太陽。我喜歡太陽的角色，散放暖流，給予溫暖；

> **制度化的教育無法幫助你面對人生，只有人生可以帶給你這樣的訓練。**

但必要時，我會成為北風，呼嘯著冰寒，讓你感到凜冽刺骨。

我只有一個目的，就是令你脫去陳舊的外套，煥然一新，迎接眼前的挑戰。

無論如何，我會成為我該成為的，陪你走過這一段，陪你找到面對世界的力量！」

學生們最需要的，是培養解決問題的能力：發現問題，洞悉問題，拆解問題、解決問題；而我相信，**每個人——只要一個耐心的陪伴者陪著他找對了路——都能成為解決自己問題的專家。**

找到為自己學習的理由（上）

那年，我讀國三，我意外發現老爸買的一卷錄影帶，我如癡如醉，從此開啟我進入英文學習的大門。

自有意識以來，學習的記憶對我而言都是被動、盲從、機械式地重複。小學、國中、高中，在這一條蜿蜒在我生命中最重要的認知與啟蒙的教育河流中，水裡的生態系和有機體卻異常地貧瘠。

我不知道，自己為什麼要學正在學的這些，國文、歷史、數學、理化……等等分化破碎的科目和我的人生究竟有什麼關係，沒有人說得清楚，也沒有人費勁去問。

我和我每個階段的同學們被不明就裡的知識，或一堆片面、浮光掠影的知識所搪塞。我們好像每晚駛入大街小巷的垃圾車，反覆壓縮、填入人們丟進的廢棄物，強力擠進車廂，最後再被冰冷地傾卸。

每日每夜，周而復始地在我的腦裡也重複這種裝填、倒出知識的過程。這就是我青少年時期對學習的所有印象。

面對學習，你憤怒嗎？

學期的第一堂英文課，我肩上背了一把木吉他，帶學生們唱一首音樂劇《悲慘世界》（Les Misérables）中聞名的曲子：〈Do you hear the people sing〉？

在我誇張，近乎咆哮的唱腔渲染之下，學生們也莫名地激動起來，眾人的歌聲迴盪在教室的每個角落……

Do You Hear the People Sing? 你聽到人們的歌聲嗎？

Singing the song of angry men? 他們唱著憤怒群眾的歌。

It is the music of a people 這是人民的歌聲，

Who will not be slaves again! 他們不再甘心為奴。

When the beating of your heart
Echoes the beating of the drums 當你的心與戰鼓應和之時，
There is a life about to start 新的生命便將來臨，
When tomorrow comes. 就在明天。

唱完之後，我和學生們說起了改變我學習軌跡的一個重要轉折點的故事。

被翻到破爛的英文辭典

一九九六年，國三的我在家裡儲藏室翻箱倒櫃，意外發現了老爸買的一卷錄影帶，那是《悲慘世界》在倫敦的皇家亞伯特音樂廳十週年的紀念演唱會。

好奇的我將影帶滑入錄影機，在沒有中文字幕，渾然不理解歌詞含意的狀況下，主角尚萬強（Jean Valjean）迎向苦難時虔敬純澈的音色，女主角芳婷（Fantine）在絕望深淵時淒切哀柔的歌聲，小女孩珂賽特（Cosette）無依無靠時唱出單一的想望，卻讓我內心抒情脆弱的特質徹底崩潰，跌入了一個比現實更真切的劇場世界。

於是，我著魔似地，抱住了家中僅有的一本遠東英漢辭典狂翻猛查，將錄影帶附的歌詞小冊子註記得密密麻麻，然後每天反覆倒轉、播放，一個月過去了，我已經能背唱出幾乎每一首歌曲。

接著，我欲求不滿而迷上了音樂劇，來回進出當時宜蘭唯一的CD店「邁阿密」，搜刮一齣又一齣的音樂劇：《歌劇魅影》、《西貢小姐》、《屋頂上的提琴手》……

高中畢業前，我的遠東英漢辭典被我凹折得軟爛不堪，我也因而愛上了英文；說得更準確一點，我不是愛上英文，而是愛上了英文為我開啟的一個新世界。

這樣的一個偶然，改變了我人生的選擇和我學習的經驗，也是我大學、研究所非英文系不讀的原因。追根究柢，也是我今天站在孩子們面前，教他們英文的原因。

然後，我告訴他們，今天選唱這首曲子，不只是因為我個人的生命經驗，更是因為這首歌曲的含意。

歌的背景是法國十九世紀初，由憤怒的民眾試圖推翻極權的七月王朝所唱出的心聲。這是首渴望掙脫枷鎖，奪回自由的歌；是首被壓抑已久，憤慨一舉爆發的怒吼。

我轉而問學生：「你們呢？是否對長久以來填鴨似的教育有著同樣的不滿？在國小、國中長久被壓迫的僵化教育體制下，你們內心有沒有期望自由的呼聲？」

我又拋了一個問題給他們：「如果從現在開始，你可以自己主導，選擇你學習的事物，你會想學什麼？」

大概一下子接受太多資訊，班級頓時一片寂靜。

孩子們的眼裡有一些困惑，有一些思考，努力試著回答這個也許從來沒有人問過他們的問題。

啟動學習的自主性

自小受的教育，讓身為學生的我們，只懂得吸收、接受由上而來的資訊，但有沒有不同的可能呢？

在我所在的學校裡，老師不再向下餵食、灌輸、教導，而是竭盡所能，啟動孩子們學習的自主性，**將學習的權力歸還給學生**，每一個有意識、有主張、有脈絡的生命手上。

學生可以被啟發；事實上，**當每位學生都被啟發，知道他們原來可以不一樣，可以不再處於被動的姿態，他們就能翻轉學習的天平，產生學習的欲望**。

經歷這番「角色顛覆」的洗禮之後，多元性和生命力才得以開始在每個人的心裡流竄，「學習」兩個字也才被重新賦予意義。

柏拉圖曾是亞里斯多德的老師，他尊敬他的老師，但談到真理時，亞里斯多德說：「吾愛吾師，但吾更愛真理。」（Plato is dear to me, but dearer still is truth.）老師教授、學生學習，似乎是萬年不變的真理，但觸碰到深沉學習的欲望時，這個「真理」卻需要重新被反思，被顛覆，老師和學生之間的權力關係需被打破。

而反轉之後，這種取回主權的學習，才會變得無比的實際、有覺知、有價值。

老師該教，
卻沒教的事

學習的動機來自內心深處

在這樣角色翻轉的學習模式中，我最常被問到的一個問題就是：萬一給學生自主權時，他們反而不想學，會不會只是激發出孩子們懶惰、墮落的天性呢？

二〇一六年春天，我和開平餐飲的夏創辦人、政大的鄭教授，和幾位台灣偏鄉小學的校長前往奧地利第二大城格拉茲（Graz），參訪當地實施開放式教育的小學，看見了很多與我任教學校類似的教學場景，希望汲取奧地利的教學經驗並帶回台灣。

在踏入第一所KPH小學時，我們便大開眼界。

校園內，孩子們學習的場域似乎無所不在，而所有的學習也都由學生自己主導，他們自己可以選擇有興趣的主題，和自己喜歡的人一組，並照著自己喜歡的方式學習。KPH小學沒有統一的課本、固定的座位、報時的鐘聲、一致的進度、制式的學習模式；孩子們散落在校園各個角落，教室成了他們的遊樂場，看來一片混亂，毫無秩序。

在這個令人眼花撩亂的學習現場，我觀察到一個統合起這些分歧畫面的共通點；讓整體呈現出美妙和諧的，是孩子們臉上因學習而滿足的笑容。

聽見校長溫朵（Widorn Daniela）分享起這種教學背後的思維與底蘊後，我更是深受震撼。

她說：

「我們追求一種個人化的學習，在這裡，每個孩子的學習方式都無法被複製。

我們的老師不『教』學生什麼，因為學習的責任不在老師，而在於學生自己；他們學習也不是為了別人，所有的學習都是為了自己。學生該成為自我學習的主人、自我學習的大師；而學習的動力，來自他們的內心深處。」

學習不是為了別人，所有的學習都是為了自己。

校長溫朵解釋，當孩子們發現可以主導自己學習的軌跡時，他們是相當興奮、充滿動力的。

沒有懶學生

這時，參訪團中有一位問出了一個很直接的問題：「在課堂上如果遇見懶惰的學生，有孩子不想學的時候，該怎麼辦？」

校長溫朵臉上閃過一抹疑惑，彷彿這個問題從來不曾在她的潛意識裡出現過，驚訝這個對她理所當然的問題竟會被問出來。

她反射般地直截回答：「我從未看過一個懶惰的學生。」

溫朵接著解釋，學生之所以懶惰，是被「造就」成的，絕沒有一個天生懶惰的學生；所以絕不要標籤化學生，當你認為一個孩子是懶惰的，他就是懶惰的。**當孩子不學的時候，不是因為不想學，而是大人把學習變得無聊、僵化，令人窒息。**

當老師命令學生去做這個，去做那個時，他們學習的開關就會關閉。

你愈用嚴厲、嚴謹、組織化的方式去帶他們，他們就愈會關閉自己，然後逐漸「造就」成懶惰的孩子。

校長這股對孩子學習本能深沉的信念，衝撞了我另一股根深柢固的信念。

雖然我也在一個開放式的學校裡擔任老師，但當了幾年的老師，骨子裡還是藏匿了一絲懷疑：「每個孩子真的都渴望學習嗎？」畢竟從小到大，實在看見太多在課堂中偷懶、擺爛的學生。

在台灣，也許我們需要的，是更多還原的過程。還原孩子被汙染的純淨，還原大人欲壓迫的無奈。無論積毒多深，相信終能將孩子慢慢還原成起初熱切學習的本質，找到學習的樂趣。

學習鑲嵌在生而為人內化的基因裡，好像生物渴望求生的意志。回想嬰孩時期，我們學習翻身、學習走路、學習複雜的語言；只要是正常人，都想要往前進。而這種向前的驅力，就是一種學習的本能。

而台灣的教育，處處充滿了限制與要求，讓一朵朵等待綻放的花，凋萎在扼腕與捆鎖中。難怪在參訪回程的路上，鄭教授感慨的說：「我們真是個自殺的民族，把學生教笨了、教懶了、教得沒有自信了。」

絕不要標籤化學生，當你認為一個孩子是懶惰的，他就是懶惰的。

找到自己熱愛的學習方式（下）

我們所熟悉的台灣教育，往往以競爭為歸宿，卻忘了學習的目的是什麼。

打開新聞，我常看見一些聳動的補習班廣告標語：「快樂的童年=沒有競爭力的中年=悲哀的老年」、「你不愛競爭？但競爭會找上你！」即使有愈來愈多人撻伐這樣的觀念，騎車經過台北大街小巷，我仍看見補習班的看板和LED跑馬燈上面的文字，也總還脫不開圍繞著競爭所寫出的文案。

這就是我們所熟悉的台灣教育，被競爭所驅動，以競爭為歸宿。

但更遺憾的，**是更多孩子早已忘記了競爭的原意，而只是為了競爭而競爭。**

為了考試而考試、為了拚排名而拚排名、為了升學而升學、為了寫論文而寫論文、為了就業而就業。

但為什麼要做這些？少人問，更少人得到答案，絕少人掙脫這層迷思。

在高一上學期課程中，我最核心的主軸，就是要破除學生競爭的謬誤，讓孩子們找到為自己學習的理由。

人生不是馬拉松

一次上課，我播放了一支短片，《人生不是馬拉松》（註1）。影片中的話短巧而富有力量，我看得出來孩子們長久累積對教育的觀念正被衝擊著：

人生不是一場馬拉松。這比賽誰定的？終點誰定的？該跑去哪才好？該往哪邊跑才對？有屬於自己的路。

自己的路？真的有嗎？我不知道，我們還沒看過的世界，大到無法想像。

沒錯，偏離正軌吧！煩惱著，苦惱著，一直跑到最後。失敗又怎樣？繞點路也沒差，也不用跟人比。路不只一條，終點不只一個，有多少人就有多少可能。人生各自精采。

誰說人生是一場馬拉松的？

人生不是馬拉松，在一條長長的賽道上，人人爭個你死我活，直到抵達終點、分出名次的那刻才鬆手。

然而，**掀去了競爭的蓋子之後，才是問題的開始。**

是的，你可以避開大路，開闢一條屬於自己的小徑，不必和人競爭，但到了這個時候，你想學什麼呢？

你的學習，由你定義

每次進行一項專案活動課程前，我都會問學生一個問題：「你想要怎麼辦這個活動？你想要在這個課程中學什麼？」

許多行業都有入行的禮儀，許多部落都有成年禮，在開平餐飲學校，我們創造了一個活動讓學生能對自己的未來產生期許，確立志向，並隆重地踏入餐飲業。

在這樣象徵身分認同的盛會中，學生們提議，他們想要學寫歌，寫一首屬於他們這一屆的歌曲，一首能在大會飄揚，展現他們決心的歌。

於是，專業度不足的我，湊合著找了一些資源，緊張地想幫他們在網路上找到寫歌相關的知識。

但其實，我所有的擔心都是徒然的。

人是渴望問為什麼的生物，他們做事前，需要被某個理由驅使，一個讓他們非做不可的理由。

孩子之所以不想做，不想學，是因為他們找不到學習的原因。而這次透過寫歌，他們找到了！

學生自主上網、看書自學，找到所有譜曲、寫詞需要的基本元素。不到兩週，三組學生各自寫了一首，最後還經過全年級巡迴播放、票選，最終選出了他們心目中的歌曲：〈淬鍊〉。

還記得當初的決心
記得那燦爛的笑容
是多麼堅定與勇氣
肩並著肩一起出發

還記得成長中蛻變
淬鍊了我們的精神

分享著彼此的榮耀
揮灑著我們的夢想

哪怕是逆風阻擋　用我的倔強
不怕苦不怕受傷　用力闖一闖

就算是風雨阻擋　我也不怕苦
哪怕只剩一滴淚　我也能莫忘
要用青春的翅膀　淬鍊中飛翔
我大聲的吶喊　找回擁抱天空的力量（註2）

活動當天，陰霾的天下起綿密的雨點，大會的最後，全場四百多個學生，穿著雨衣同聲高唱這首歌，唱出他們的共同記憶，與他們對餐飲的熱愛。因著雨水的掩護，我可以盡情地流淚，抬起頭，也發現好多家長、學生眼眶裡也含著感動的淚。

這是一個意料之外的課程，卻激發了孩子學習的渴望。

經過了這次活動，我才知道，首先，**我必須讓學生找到自己想要學習的事**，**找到可以說**

服自己前進的原因。然後，我就可以放手，讓他們不由自主、無法逆轉地，自然驅動著自己學習。

我想這就是一位老師存在的原因。找到原本就渴求學習的人，教會他，一點難度都沒有；讓不想學的想學、失去目標的產生動機、倦怠的燃起希望，這才是老師的價值！

三件關於自主學習不可忽略的事

找到想學習的事物之後，接下來，在我的經驗中，還有三件該注意的事：找到學習的姿態、感受學習的速度、提防懶散偷進門來：

1 找到自己學習的姿態

每個人都有自己學習的方式。

> 找到原本就渴求學習的人，教會他，一點難度都沒有；讓不想學的想學、失去目標的產生動機、倦怠的燃起希望，這才是老師的價值！

老師該教，
卻沒教的事

開平餐飲學校提供

有人適合多給自己一些壓力，有人不適合；有人適合不斷聽別人的意見，有人不適合；有人適合被言語刺激、被厲聲責罵，有人不適合。

而有的人就是學得比較慢，腦袋轉速沒那麼快，壓力來的時候會緊張、腦海空白，甚至，在某些方面就是比不上別人。

重點是，**你能不能找到自己的限制？能否面對一個不完美的自己？並從這個立足點上，以適合自己學習的姿態邁步向前。**

找到自己的學習軌跡，順著這條軌跡使力，成長將更不費力。

2 保持前進，感受自己學習的速度

人的學習往往不像電影裡演的，有種戲劇性的跨越；大多的跨越都是無聲無息、難以察覺的，甚至是起起伏伏。

> 人的學習不像電影裡演的，有種戲劇性的跨越；大多的跨越都是無聲無息、難以察覺的，甚至是起起伏伏。但時間一拉長，進步就看得見。

就像在海灘上遛狗，狗狗不會照著人的步伐，以一條直線向前，相反地，牠會在繫繩的半徑範圍內來回竄動，動不動就被新奇的事物吸引，但整體來說，雖然來回擺動，牠還是跟著主人行進的方向而去。

在學習上，我們該把目光放在主人的身上，而不是狗的身上。狗似乎來回不定，讓你無法預測，但只要專注看人，就會知道，其實持續在往前。

我們以為自己在原地打轉，遇到撞牆期無法突破，卡關，但現實生活不像電影，有很多「Ah Ha!」的片刻，通常都是在平凡沒有感覺的時候，度過許多難關。

時間一拉長，進步就看得見。

重點是，你有沒有保持前進。

所謂的前進不只是具體的成果，也是心理上的韌性：不被打敗、努力不懈、永不放棄。

3 避開自主學習的雙面刃：怠惰

有一個學期，在班上嘗試了自主學習後，許多孩子起初充滿動力，以奔馳的速度前進，但到了後期卻頹軟下來，像著了火的熱氣球。

我當時有很深的挫敗感，在期末也寫了一封信給這個班級的孩子：

這幾個月來，我很有意識的在做一件事：讓你們學習自主；並坐守在你們身旁，用心地觀看你們一個個可愛的臉龐。然後在遇到情況時，竭盡力量的去陪伴、傾聽你們的氣息與動態。

我在看……

當你們有自主機會時，會做什麼，會怎麼做？

當你們在選項很多的時候，會如何選擇？

看你們在遇到問題時，會有什麼反應？你們的態度又如何？

說真的，我看見了自主後所帶來驚人的惰性。我相信你們有些人也被自己的情況所嚇到。也許你會驚呼：「哇！原來我是這樣的人！」

我曾經說過，自主會帶來幾個結果：讓原本白的更白，黑的更黑，而灰的，也得現出原形。

無論你是牛鬼蛇神、宅男腐女，還是公主王子，經過自主的洗禮之後，全都無所遁形。

自主，能夠讓人看出自己的本性。

我想問你們，揭開真面目之後，你敢正眼瞧自己嗎？遇見了像你自己這樣的人，你想和他相處嗎？

不遠的將來，出到社會之後，那時就不由得自己選擇了，你不想自主也得自主，不想現形也得現形。

重點是，當你看見自己經過了自主之後所展現的原貌時，你的反應是什麼？你會如何面對變化後的自己？

我想說的是，你，可以選擇想成為什麼樣的人，你還有時間選擇；只要你願意，永遠都來得及。

然而，我也看見了一些令我欣慰的事。

有些親愛的你們，不需要別人在旁緊迫盯人，或滔滔碎嘴，就能堅持做正確的事；也許你自己覺得沒什麼，但我要說，這是一件不簡單的事，這需要勇氣、毅力，和一顆溫暖無私的心。

孩子們的眼神，都露出了一些慚愧。

我不曉得未來的他們會否改變，但相信他們不會忘記這學期的經驗。

只有你，才能成就自己的學習旅程

找到自己要學什麼、要怎麼學的過程絕對無法一次到位，只能照著當下的智慧，一面探索、一面犯錯、一面讚嘆。

藉著每一次在未知中勇敢地闖蕩，塑造屬於自己獨有的學習模式。

就像美國詩人佛洛斯特（Robert Lee Frost, 1874－1963）傳頌已久的名詩〈未走之路〉（The Road Not Taken）中最後幾句所刻劃的，每次的選擇都是掙扎，一個選擇又帶出另一個選擇，直到踩踏出無人走過的路，也成就了一切差異：

Oh, I kept the first for another day! 哦，我把頭條路留給下回！
Yet knowing how way leads on to way, 但是深知道路連貫不絕，
I doubted if I should ever come back. 我懷疑自己還能返回。

I shall be telling this with a sigh 多年後，在某地
Somewhere ages and ages hence: 我將邊說邊嘆息：
Two roads diverged in a wood, and I－ 兩條路分岔在林中，而我——

你，可以選擇想成為什麼樣的人；只要你願意，永遠都來得及。

I took the one less traveled by, 我選擇了那條，人跡稍稀

And that has made all the difference. 於是造成了一切差異。（註3）

註：

1. 日本人力集團Recruit公司二〇一四年所拍的廣告影片：「人生不是馬拉松」 https://youtu.be/LIDuXi5UNqM
2. 歌曲MV請見：https://youtu.be/Da13RvA0AS8
3. 此版本出自《給孩子的詩》北島選編，黃運特翻譯，漫遊者文化，二〇一六。

懂得反思
不再認為都是別人的錯

有個到校外實習的孩子，因為對雞肉低溫烹調的想法不同，他耐不住性子，紅著臉和師傅大小聲爭執起來，甚至激動得抓著師傅的袖口爆粗話……

刻鑄於希臘阿波羅神殿大門上的幾個字「認識你自己」（γνῶθι σεαυτόν），是德爾斐箴言一四七條中最為人熟知，也許也最難達成的一句。

老師該教，卻沒教的事

因為你，我遇見了自己

在一整個漫漫的學期裡，我特別深愛一個時間點。

在這個時刻，開平的老師們會靜下來，深呼吸，重新遇見自己，遇見夥伴們。那，就是結業式後，休假前的幾天空檔。

此時原本談笑的、爭鬧的、嘰嘰喳喳的學生們都被放出了校園，像是嘴裡排空了磷蝦和浮游生物的藍鯨，胃裡頓時一陣空靜。

老師們帶著經過一學期軟乏疲困的身心，一群人約到陽光燦耀的小公園、鄰近慵懶的咖啡廳，或某個老師清幽巧緻的家裡，一位一位的自我反思、也彼此回饋，回顧這個學期走過的一切喜、怒、哀、懼。

這樣的時刻，彷彿已成了一種儀式，一種淨化。

從別人的眼中，看見自己的好與不好，去數算那些課程執行中的辛苦，和努力卻未被注意到的細節。若是合作不愉快，此時也會明說出來，說出當時自己內心的糾結與心情。

這不是個彼此拍馬屁的奉承大會，而是在愛中說真話、為了團隊更好的反思劇場。因為信任，我們敢真誠地說出相互的期待、觀察和欣賞，將曾經的尷尬轉為笑聲、怨懟轉為眼淚、感恩不私藏於心中。

我們常自在地圍坐成一個圓，一種最脫離形式的座位安排。

望著夥伴們的眼，好似看見了一面面的鏡子，自我的模樣就在多面向的映照下，顯得清晰無比。

記得當老師的第二年，我自覺得進步不少，內心藏著小小得意和夥伴們說起這學期的改變。在分享完後，大家一一回饋。

其中一位資深老師除了肯定我的轉變之外，他還對我說了一段很扎心、觀察入微的話；儘管並不中聽，但我相當珍惜，也將永遠記在心裡。

他說：

「你對學生充滿了愛，但那個愛是危險的，不小心就變成了縱容的愛。而且，你只把愛給了學生，卻漏掉身旁一起打拚的夥伴；你也很容易讓自己成為學生眼中的英雄，但往後的時間裡，我期待你能成全身旁的夥伴們，和你一起成為英雄。」

這樣的提醒，當下使我震盪不已，餘震維持了好幾天，令我深刻反思，也成了往後教學上時時告誡自己的話。

感謝這位夥伴，因為他，我遇見了自己；沒有他，我至今仍活在羅織的謊言中。

反思，讓人生有了起點

在生命中，能夠適時的停頓，靜下來發現自己的現況，讓自己歸零，誠實探求自己的內

老師該教，卻沒教的事

在，重新釐清目標和價值，而不是順著情緒、衝動的本能，和累積已久的習慣，在無水的荒漠裡橫衝直撞，是一件太重要的事。

我認識一個孩子，在一年級遇見他時，是脾氣來了沒有人擋得住的火爆性子。只要同學走廊經過不小心看他兩眼，就會被他嗆聲、推撞。

他把義氣放在第一，總是不問是非地為朋友出頭，一次甚至為此與我四目交瞪，一言不合就想甩頭就走，蠻悍地和我在大門口推擠拉扯。

二年級他出去校外實習了，仍是讓我最心驚膽戰、常掛心的一個孩子。果然去了不到一個月，就因自我意識強烈，常與師傅意見相左，總是堅持要用自己的方式處理事情。

但他不明白的是，在廚房原本就有很多看似乏味的動作，都是經過經驗值的千錘百鍊而來，不是剛進去一天兩天的菜鳥能夠理解得來的。

有一次，因為對雞肉低溫烹調的想法不同，他耐不住性子，紅著臉和師傅大小聲爭執起來，甚至激動得抓著師傅的袖口爆粗話。

一天又一天過去了，他始終無法理解餐飲界的職場倫理，總覺得要跟師傅平起平坐，在同一個水平上談話。

最後，很遺憾地，又一次的暴躁失控，使他無奈返回了學校。

從單位回來的那天，他慍怒的表情還沒消退，凶煞的眼散發肅殺氣息。

兩週後，我才找他，想陪他梳理這段時間的經歷。

他說的話，卻意外令我欣慰。

他說，這兩週剛好可以靜下來，好好思考實習期間發生的事。

他覺得學到一件最重要的事，就是當雙方火氣都大的時候，說什麼都沒有用，必定無法取得共識，反而經過一陣子的沉澱，再接續對話，才會更有品質。

他最有領會的就是人和人之間的關係。

他手撐著臉，歪斜著看我，坦承他發現自己的態度、溝通方式大有問題。他苦笑：「若以後也用這樣不尊重的態度面對人，也一定會有同樣的結果。**這三個多月校外實習的日子，煎熬、疲憊，每一天都像出入生死交關的戰場，這不是我所想要的生活，但卻是我所需要的淬鍊。**這段時間，是我這輩子成長最多、體會最多的時候。」

我探詢地問，若有一天再遇到這位師傅，你會對她說什麼。

翻開幕簾，找出記憶深處的傷痛或開懷，
重新理解自己。

他靦腆地回答，他會誠懇的說一聲：「謝謝妳。」

即使個性不合，相處時間也多半在憤怒與怨念中度過，但她真的為他上了最重要的一堂課，那就是耐心、謙卑和尊重。

我心中有股莫大的安慰，這一切都值得了！

能夠反思，是人生的起點，我心想，至少他已經啟程了。

我們該如何反思？

沒有反思，就沒有學習。一個能夠反思的人是有智慧的，他能不斷長出力量，帶著對自己新的領悟不斷往前走；不會反思的人，事情轟鬧鬧就過去了，只留下一片模糊的腦袋，和遲疑、邁不開的步伐。

就像開平餐飲學校創辦人夏惠汶博士所說的：「蠶吃桑葉，吐出絲來。我們呢，有沒有在消化、吸收後，吐出有用的東西？」

但是反思的能力可以怎麼培養呢？當一件事發生時，我相信透過四個階段可以幫助自己反思……

心思從向外歸咎，轉而向內觀看自己；**收起對外指控的食指，不再為自己辯護，平靜地詢問自己：「為什麼」。**

- 我做了什麼，導致現在的處境發生？為什麼和這個人演變成這種關係？會讓對方說出這樣的話？
- 我察覺到自己什麼樣的感受，為什麼會有這樣的情緒。
- 為什麼我當下選擇這麼做？找出背後的動機與念頭。
- 自己的目標是什麼，我做的這些事，有助於朝著目標前進嗎？
- 過去有沒有類似的狀況？我為什麼用這種方式處理事情。找到自己處理事情的模式，翻開幕簾，找出記憶深處的傷痛或開懷，重新理解自己。

事情既然發生，已無法改變，但可以決定的是，要從這件事帶走什麼，讓下次的自己更有力量。

2 換位思考

試著抽離自己，想想如果我是對方，站在他的立場，進入他的思緒，深入他的心，我會怎麼做、怎麼說，為什麼？

如果我是他，會有哪些一樣和不一樣？我會有哪些限制、苦衷與難處？

接著，更進一步，從對方的那一側端詳自己，如果我遇見像我這樣的人，我對自己的觀感是什麼？我會如何對待自己？

換位思考，協助自己理解對方的處境，看見另一個視野中的世界；有時，也會曉得原來自己行為有多麼荒謬。

3 若重來一次？

反思的目的不是去挑剔自己的毛病，然後不時拿來數落自己，迫不及待地想找到一百個理由自我毀滅。

反思，是往前看，去從過去裡找到不同的可能，把力量聚焦未來，看看還能做些什麼。

去思考，如果事情重來一次，會有什麼不一樣？我是否有新的做法？新的思維？讓問題不是永遠輪迴旋轉。

4 可以帶走的事

每次的發生，無論怎麼令自己氣惱，都必定可以從中挖掘給自己的一堂課，都是一個寶貴學習的機會。

事情既然發生了，我已無法改變過去，但可以決定的是，要從這件事帶走什麼，看見回頭的亮光，讓下次的自己更有力量。

我可以從這件事中帶走自憐自艾，帶走悔恨與內疚，也可以帶走一點感謝、一些經驗值、一番啟發、一個新的視角。

感謝那些赤裸的真相

在短短教學的歷程中，我感謝每個我遇見的孩子，是他們讓我不斷反思、不斷學習；我尤其感謝的，是那些常指正我、頂撞我、挑戰我、與我唱反調的學生。

他們也許是看得最清楚、也有勇氣說出來的一群人，**他們讓我可以看見真實的自己，一**

反思是件痛苦萬分的事，面對自己，也從來不是一件容易的事。

老師該教，卻沒教的事

我永遠無法看清的自己。

他們將我自欺的魔法褪去，戳破我對自己綺麗的想像，看見那個我不願見到的自己。

而當我準備好接受這樣的自己時，我就能更前進一些。

我喜歡赤裸裸的真相，不管那是不是我喜歡的真相。

這幾年，透過他們，我發現自己原來是個愛賭氣、臉很臭、常愛廢話一堆又臭又長的大道理，又常常心太軟的糊塗濫好人。

我會永遠、永遠感謝曾經使我頭痛不已的孩子，因為很可能真的等到要換班了、等到這位孩子畢業了的時候，他將會成為我最念念不忘的那一位。儘管……

他，曾是我教師生涯的鬼門關；

他，曾令我心力交瘁，無力應戰；

他，曾消耗我所有能思考的腦細胞；

然而，只要我願意和他對話，他會反過來成為幫我最多的人。也因為有他，我得以成長，得以學習到在「教育概論」裡所沒有寫到、也寫不出來的珍貴經驗。

是的，反思是件痛苦萬分的事，面對自己也從來不是一件容易的事，而我們的生物性都趨向放空、讓事情無聲息地過去。

然而，人，若不能光潔地面對自己，若看自己仍舊有黑影，我想那連活著，也都嫌疲憊。

學做決定，並負責

一位目光迷惘的女孩問我，她說自己遇到了很糾結、很難決定的事。「我真的不想得罪人，讓他印象不好，我該怎麼辦……」她苦惱地說。

為自己選擇

我的兒子笛兒一歲多，剛開始學會說「不要」的時候，就好像上了癮，對花椰菜說不要，對舊玩具說不要，對溫度不夠的牛奶說不要，對阿嬤之外的人說不要……恰好學幼教的

老師該教，卻沒教的事

朋友來家中作客，才曉得此時的嬰孩突然意識到自己有能力選擇了，他就會大聲宣示自主性，告訴大人，他不再是可以隨意擺布的娃兒了。

我看著我的學生，心想他們也曾經像我的兒子，能夠灑脫地為自己選擇，但不知為何，長大後的他們，在面臨選擇時反而有好多的無奈，他們的每個選擇背後似乎都有好多隻手、好多張嘴、好多意見的鼓勵、勸服與操控。

長久下來，有些學生對自己的選擇逐漸變得不在乎。

反正選來選去，都是大人說的算；反正選什麼都一樣，最後都有人收拾善後，都有人扛；甚至一旦後悔自己的選擇時，就開始向外歸咎，覺得都是別人逼他這麼選的。

有一天，一位目光迷惘的女孩問我，她說自己遇到了很糾結、很難決定的事，她想暫時停下打工，專心在學校的活動上。

若照她的決定，她認為會傷害對她懷著期待的長輩，但若不做這個決定，她的生活則會消耗在疲勞的迴圈裡。

「我真的不想得罪人，讓他印象不好，我該怎麼辦……」她苦惱地說。

我終於了解她上課常精神不濟的原因。

想了想，我告訴她：

「我想邀請妳先回到自己的初衷，當初選擇打工的原意是什麼？是體驗社會嗎？是建立人脈嗎？是賺取外快嗎？還是只是為了討好那位長輩？

而現在，這份原意還在嗎？或者這麼問，這份原意還需要存在嗎？

一切都該回到妳自己。

妳要什麼？妳的心對妳說什麼？對妳而言，為妳創造意義與樂趣的事物是什麼？

不要管誰會開心，誰會不開心；親愛的孩子，該問妳自己，妳自己怎麼樣才會開心？

所以，不要因為怕得罪他，給他留下壞印象，就逼自己屈就，那打工已經失去了意義，僅剩下形式的空殼。

生命本來就充滿了糾結的選擇。妳永遠無法做好每一件事，事實上，妳也不需要如此。

不管做什麼決定，總會有人會不滿意妳，會有人誤會妳，但，我希望妳心中有個豪氣：『你們都站邊去吧！我是×××，我不為你們而活，就算所有人都誤會我，我也不活在你們的陰影下！』

妳可以，慢慢找到自己，找到抉擇的勇氣。」

生命本來就充滿糾結的選擇。你永遠無法做好每一件事，事實上，你也不需要如此。

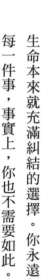

隔天，她辭去了工作，說自己想清楚了，眼中散發出明亮的自信。

在選擇之前該思考的四件事

1 破除盲從迷思

在遇到抉擇時，對孩子們而言最困難的，往往是不清楚自己的目標是什麼。

而講到目標，我就想起大衛．哈欽斯（David Hutchens）的寓言故事《旅鼠的困境》。

在這本搭配生動插畫的小書中，講到在挪威北極圈附近生存的旅鼠，因受本能驅動，每年都會前仆後繼地跳崖。

對牠們而言，跳崖是牠們的使命，是牠們生命的本能，就像萬有引力一樣，沒有人能拒絕這種內在的呼喚。

故事中可愛的女主角旅鼠愛咪，也難逃血脈中原始的呼喚，她也會被一股奇怪的力量拉到山崖邊。

然而，**愛咪與眾旅鼠不同的，是她終於開始問問題了：**

「為什麼要跳崖？」

「到底我要什麼？」

「為什麼我在這裡？」

「我是誰？」

一個又一個，愈來愈深沉的大哉問，搞得她自己和同伴們也暈頭轉向，不勝其擾。

甚至愛咪對自己這種問問題的特質，也感到沮喪與疑惑。

她說：「我問了這麼多問題，而且想要做跳崖以外的事情，是不是很奇怪？」

但愛咪沒有停止發問，她一次又一次，挑戰自我腦力極限，問艱澀、難以回答、似乎會落入無限迴圈的問題，並影響了另一個角色藍尼感嘆地說出一句幽默的反諷：**「難怪大多數的旅鼠會去跳崖，因為跳崖比了解自己要容易多了。」**

2 從「不要」到「要」

旅鼠的問題，在於從不過問原因。

牠們不想知道跳崖的原因，甚至連故事中組織反對跳崖聯盟的旅鼠們，也不知道反對跳崖的原因。

無論跳或不跳，書中的旅鼠都不曉得其目的。

核心的癥結是，其實大家都不知道自己到底想要什麼。

我們活在一個處處是權威，也處處反對權威的世界中。

《旅鼠的困境》帶給我最大的啟發，是不能只知道自己「不要」什麼，而要搞清楚自己

「要」什麼。

高喊「不要」是一種反應導向的叛逆性，是以刪去法作為選擇的基準，是標準的逃避心理。

以為不要什麼、規避什麼、離開什麼、丟掉什麼，就可以知道自己要什麼；但其結果，只能避免「不要」的事物，卻無法帶來創造。

而愈問自己「要」什麼，才能慢慢撥雲見日，接受新的可能性，清晰自己的願景和使命。

你可以把所有不要的家具都丟掉，但若沒有親身去IKEA賣場走走，你還是不知道你要的原來是一張舒適的貴妃椅。

現在的你，處於哪一種心理設定？是以創造為驅力，還是以逃避、害怕為驅力？兩種驅力帶來的選擇結果將截然不同。

3 在找不到目標時仍保持前進

當然，清楚知道自己要什麼很難。

有的人從小就知道自己的目標，好像生下來就知道自己註定要當心臟科醫生；但包括我在內的大多數人不是這樣，我們常活在目標不明的迷霧裡。

就像我常聽見學生說：「我找不到目標。」好像目標是路邊茂盛的小草，走兩步就會不經意遇見。

目標沒有那麼廉價，它得費心尋找；目標是深藏在花瓣內的花蕊，需要花瓣一片片努力的展開，才能夠一探究竟。

每一片花瓣，就是生命中的一個切面。你不會知道目標是什麼，除非你勇敢過好你的生活、扮演好你的角色、豐富你的當下，並保持前進，然後你才會發現，**你努力綻放的那些人生片段，最後會串接在一起，將珍貴的目標顯露出來。**

到那個時候，一切看起來似乎再自然不過，但過程中，卻常意義不明，一面摸索、一面嘆息。

4　探頭望望選項背後的動機

到了二年級，上述的這位女學生再次面臨選擇的關口。

這次是要決定為期一年校外實習的單位：一邊是度假飯店的服務人員，另一邊則是婚宴

> 愈問自己「要」什麼，才能慢慢撥雲見日，接受新的可能性。

會館的外場工作。

她說，最喜歡服務業的地方，是想帶給人幸福的感受，尤其是見到他們快樂的臉龐。而旅館中充滿了度假和享受生活的人們，婚宴廳則是人一生中所能發生最幸福時刻的場所之一，這讓她無從選擇。

我對她說：「人選擇每項事物都有背後的原因。就像買電腦不是買電腦本身，買手機也不是買手機本身。」

她蹙著眉，大概覺得我在說火星文。

「人買某一台電腦，是展現了他的價值觀，與他對生活的看法。例如當我買蘋果的MacBook Air時，我買的不只是一台筆電，而是它所代表的便利、輕薄、時尚與品味，一台Air體現了我想成為什麼樣的人，代表我所追求、嚮往的觀念。」

我看著她略微舒展開來的臉，接著說：「我認為Air配得上我，我也希望自己配得上Air。就某種程度來說，我所買的東西就代表了我是什麼樣的人，以及我想過怎麼樣的生活。

「照樣，度假飯店與婚宴會館，體現了妳什麼樣的價值觀呢?妳選擇背後的動機是什麼呢？」

三天後，她選擇了婚宴會館。

「我想要看見幸福的人們，想要觀察一個能創造愛與感動的場合，也想在未來開一間被美與浪漫包圍的小店。」

這是她實習前一天對我說的話。

每一個選擇都定義了你

當每個人都能為自己負責，且意識到對自己的生活擁有掌控權的時候，他就願意投入、認真，且在乎。

真實的選擇逼著我們脫離漫不經心，迫使我們面對躍動的生命，這個難以捉摸、瞬息萬變的生命，也更令我們珍惜錯失的無奈、篤定的踏實，與苦候的美果。

雖然經過釐清後的選擇，偶爾仍會後悔、沮喪，但卻能促使人願意扛起責任，並繼續為自己選擇。

你不會知道目標是什麼，除非你勇敢過好你的生活、扮演好你的角色、豐富你的當下，並保持前進。

於是，我們就在一次次的選擇中認識自己，讓每一條選擇的路，逐漸塑造出獨特的自己。

因為我們深知，沒有對或錯的選擇，只有為何而選、為誰而選的問題。

學習原諒他人

從小到大，她總認為自己是個寬大、有度量的人，但這次的事件，她看見了自己可憎的面孔。

在班上有個女孩，自從我看見她的第一天起就沒見她笑過，臉上總是寫滿憂鬱，好像堆滿了整個秋天的烏雲。

> 我告訴痛苦的孩子：「先去尋找那個蹲伏在洞穴中閉鎖的自己，和她對話，面對她，看清楚她的模樣，然後接受她。」

一天，她探頭走進辦公室，吞吞吐吐地說，不知道該怎麼去原諒一個曾經關係深厚的朋友小瞳。

她說那次事件的打擊太重，朋友竟在背後四處詆毀她，時間至今已超過一年，她卻仍站不起身來。

循著這個話題向下，我才逐漸明朗，**最讓她心底糾結的，還不是原諒對方與否的問題，而是她看見了一個前所未見的自己。**

從小到大，她總認為自己是個寬大、有度量的人，這是她長久以來面對自己的方式，也是唯一的一種方式。而這次的事件，讓她看見了自己可憎的新面孔。

她發現，經過了整整一年，她仍無法原諒她最好的朋友，甚至在對方道歉了之後……她發現，自己竟然是一個這樣無法寬恕別人的人啊！

原來她是被自己的新形象所打敗。

原諒別人之前，先原諒自己

當她口中仍叨叨念著無法原諒小瞳的時候，我懷著愛與悲傷對她說：

「先去尋找那個蹲伏在洞穴中閉鎖的自己，和她對話，面對她，看清楚她的模樣，然後接受她。

在與人和好之前，先與自己和好；在原諒別人之前，先得原諒自己。

妳能不能接受一個不完美的自己，一個有種種缺陷、內心狹隘，甚至徹頭徹尾小心眼的傢伙？

妳願不願意放手，去擁抱一個全然陌生的自己？

接著，這個帶著缺陷、渾身瘡孔，但眼睛明亮的自己，才有機會去改變，走向下一個希望成為的自己。」

這位親愛的孩子望著我，咬著左下嘴唇，眼中有一點疑惑、一點啟示、一點感觸，說自己從未用這種角度看待這件事。

> 人生最難的是每天要爬的生命那座山：原諒得罪你的朋友，原諒得罪你的家人，原諒得罪你的同事。那是生命的山。

生命中最難攀登的山——原諒

然後，我給孩子看了謝智謀老師（小謀老師）在TED演講的影片：《生命的陷落與超越》。

當出現心肌梗塞，醫師宣判小謀老師無法再爬山時，卻因為山是他生命歷程中不可或缺的要素，他仍毅然帶著台灣的學生攀爬六千兩百公尺的喜馬拉雅山。

在艱苦幾近放棄的過程中，他體會到一件事：「爬六千、七千、八千公尺的山，不是最難的事，最難的是每天要爬的生命那座山：原諒得罪你的朋友，原諒得罪你的家人，原諒得罪你的同事。那是生命的山。」

看完影片後，我才來面對她一開始所提起關於原諒人的問題：

「懷著忡忡的憤恨，無法原諒一個人，對一段過去耿耿於懷的最大問題就是，這會讓妳的心被它佔滿，塞不進其他美好的事物；這讓妳無法繼續愛、繼續給，讓妳手上的重量太沉重，無法扛擔起真正需要妳關切的事物。

重複的去拜訪那個記仇的自己，默念千萬遍那些曾經受過的傷，只會帶領妳進入更深的懊悔，進入無人陪伴、無人體會的真空。

況且，人很少想著要傷害別人，而只是想著要滿足自己。妳為什麼要拿對方的錯誤來懲罰自己？

很多時候，**原諒不是為了別人，而是為了自己**。

原諒不是因為對方做了什麼，而是因為妳想為自己多做一些什麼。

原諒也不是縱容對方、壓抑自己，而是讓自己不繼續卡在時間的縫隙中，能邁步前行。

而妳是否已準備好，去面對生命中那座最難攀登的山，就是饒恕曾經傷害自己的人？」

她的身子陷入椅背，身旁彷彿圍繞沉思的光暈。

離開前，她篤定地告訴我，她會再想想的。

當無法原諒一個人，心裡滿是憤恨，會讓你無法愛，也無法給。

原諒，是讓自己能再次向前

一週後，這個孩子說她想清楚了，邀我去和這位朋友見面聊聊。

經過了片刻難忍的沉默之後，她朋友小瞳打破了寧靜，說出了第一句話後就崩潰失聲，連連懇切的道歉。

想起一年前造成這麼大的傷害，小瞳克制不了自己激動的生理反應，牙齒猛咬自己左手食指，直到咬出血痕。

看見小瞳崩潰，我學生立即傾身抱住她，眼裡盡是不捨與溫柔，輕輕地直說：「沒關係，沒關係，這些都過去了！」

這一刻，我看見一種人性的光輝；那種諒解與關愛讓我感動，也完全融化了我的心。

小瞳離開後，她告訴我，那天聽了我對她說的話之後，回家思考了許久，發覺自己這一年內心塞滿了委屈與不滿，幾乎讓她無法往前，所以她決定要原諒她的朋友，為了多年的友誼，也為了她自己。

最後，我請她不要忘記了這種人與人之間情感的真情流露；不要忘記原諒人時，那種帶給自己心裡暖烘烘、沉甸甸的感受。

「我懂你的懂」

如何同理他人？

班上來了一個轉學生，不太參與課程，對同學也冷淡，但一旦情緒觸發，就像變了一個人一樣，大摔桌椅，奪校門而出……

要理解一個人，很難，要抹黑一個人，很容易。

要理解一個人，需要費時、費力，用極大的耐性去穿透表象，發現一個人的複雜性；要抹黑一個人，只需要從浮光掠影，用人片面的行為，下一個易懂的註腳。

我們人，通常都選擇容易的路走。

我常不了解兩個明明彼此了解不深的人或族群，能夠仇視得如此尖銳；當了老師之後，這種體會更深了。

過往的這個學年，班上發生了一起衝突事件。這件事掏空了我的心，讓我一度陷入哀傷的情緒。

我本可以很簡單地處理這件事，把學生歸類成好與壞，把事件分為黑與白，很簡單的處分、訓誡，照著既定流程走。

但我不選擇這麼處理，我盡力去理解雙方的感受，去傾聽，去陪伴。

都是我的學生，都是我所愛的。

我不站在任何人那邊，我站在每個人那邊。

但是，即便經過許多努力，當下我仍然無法化解，我得承認我仍是失敗的；然而，也正是有過這樣的經驗，讓我更了解孩子的複雜性，常不是大人眼中這樣的簡單。

兩座塔，兩個視野

事件經過約一個月之後，班級氣氛仍烏煙瘴氣。

我決定給學生看一支ＪＲ在TED的《用藝術顛覆世界》影片（註），並在班上和孩子們說了個故事，出自大衛·哈欽斯（David Hutchens）的寓言故事《洞穴人的陰影》：

在書中，智者麥克口述了早期人類歷史的悲劇……

人類原本是一個族群，但因為食物不足，有兩隊人自告奮勇，願意到東方與西方探索食物的可能。

兩方各自都抵達了一座塔，然而塔上的景觀完全不同。攀至東方塔上的一方看見的是肥美的平原，散布著許多寧靜多元的動物群；攀上西塔的則看見廣闊的森林，結滿了豐盛的果實。

回到部落後，可想而知，雙方所下的結論截然不同。從東塔回來的說我們要製作弓箭、長矛以獵捕動物；西塔歸來的則說要製作籃子、長棍，採集樹上的美果。紛爭、分裂從此沒有停過，各個怒眉睜目，欲置另一族於死地。於是先祖們分散，走進各個大小不一的洞穴裡，在黑暗中吃食蟲子、以石頭上的露水解渴。

分別上過雙塔的族群，各自將局部的真理當作全面的真理，又反覆增強自以為

當人相信「唯一」的時候，就開啟了對立、衝突的大門。

「全面的真理」的可信度，相信那是世上唯一的真理。

然而，當人相信「唯一」的時候，就開啟了對立、衝突的大門。

講到這裡，我告訴孩子們：「我不願意當個法官，評斷你們的對或錯，而是嘗試去理解你們，但你們有沒有嘗試去理解彼此？還是永遠只看見別人的錯？你們願不願意登上對方的『塔』，去看見另一端的真相？」

接著，**我請他們設想自己是對方，並換位思考：「如果你是他，你有哪些限制，你有哪些苦衷與難處？當他遇見像你這樣的人，他對你的看法是什麼？」**

透過這個小小的活動，奇妙地，他們的心軟化下來了，最後甚至眼眶紅潤，誠摯地彼此道歉。

人與人之間許多無解的衝突，常是因為心受了汙染。內心不柔軟、愛心不表達、熱心不分享，以致築成了一座座的高塔，分門別類，敵視割裂。

因此，心需要被呵護、被照顧，免得變硬、腐化、髒臭。而汙染心最快速的方式，就是站在自己的立場據理力爭；因為爭執就使人的心關閉，一旦爭論就立時阻斷了對話的可能。

除非能將心比心，否則難有對話的可能。

「你願意給我機會，讓我認識你嗎？」

當我們以為自己「知道」的時候，我們會用慣性和預設來處理事情。認為自己懂這個學生，懂那個狀況，以為自己什麼都了解了。

但這個「認識」是根據準確的來源嗎？是根據學生過去的行為、他的成績、他的出缺勤、他的家庭背景……嗎？

有一位我所尊敬的家族治療領域大師賀琳（Harlene Anderson）曾說：

我們習慣幫人貼標籤：調皮的學生、壞心眼的媽媽、暴力的父親……卻不用「全人」的角度來看他們。在不認識他們之前，我們輕易「評斷」他們。

有時候，問題的關鍵不在於他們，而在於我們如何看待他們。

因此我們需要常提醒自己，抱著一種態度面對身旁的人：「I know I am not

汙染心最快速的方式，就是站在自己的立場據理力爭。除非能將心比心，否則難有對話的可能。

knowing.」（我知道我是不知道的）

當我從一個扁平的視角去看學生時，每個孩子都是一個樣⋯⋯平凡、惹人嫌、毫無特色，好像長不大的屁孩。

但當我願意放慢腳步，靜下來聽他，站在他的角度換位思考，每個人的個性就鮮明躍動出來。

就像皮影戲原本毫無生氣的紙偶，經過師傅巧手演譯，都有了生命。

底層的**問題不是孩子說了什麼、做了什麼，而是這些行為背後的動機是什麼。我有沒有嘗試去感受身處其中者的感受。**

班上來了一個轉學生，不太參與課程，對同學也冷淡，彷彿一尊巴洛克建築屋簷的雕像，靜靜地看著身旁萬物。

但一旦情緒觸發，他就像變了一個人一樣，大摔桌椅，奪校門而出。

我問自己，如果我是他，進入他的思緒，深入他的心，我會怎麼想？

所以，我嘗試去理解他的故事。

一天中午，我詢問他：「我不知道在你身上發生了什麼事。我真的不了解你，但是你願意給我機會，讓我認識你嗎？因為我在乎你。」

他眼中冷漠的神情開始鬆動，彷彿不可置信我竟會關心他。

隔了一會，他脫口而出自己的過去。

他說自己的個性很容易暴衝，負面情緒的累積之下，常有毀滅性的色彩。

他在之前的學校遇到一位常刁難、無禮、不時叫囂的老師。有一次，當老師又在課堂上咆哮的時候，他克制不住自己，衝上前去差點揮出拳頭。

就這樣，他離開了那所學校，成了轉學生，內心既痛恨老師，又覺得同學幼稚，孤傲地只想一個人生活。

從這次的深談後，他開始放開自己，願意開口和同學互動，也漸漸展開笑容。

讓學生的問題成為自己的，用心去理解他們的情緒，而不是用頭腦理解。

「同理心」的力量

真實的同理心，開始於人。讓學生的問題成為自己的，用心去理解他們的情緒，而不是用頭腦理解。

這種理解，不是保持距離的分析、評價，自以為的給予前輩的建議，而是進入到學生的心境裡，將自己丟進那個處境，不怕把自己「弄髒」，不怕「沾鍋」。

不是永遠坐穩於辦公室裡，等待學生主動傾吐心聲，而是跑進他們生活的場域：籃球場、圍牆邊、走廊的盡頭、下課後的教室、樓梯的轉角、花台；以他們習慣的姿勢蹲著、歪坐著，感受他們的感受，懂他們的懂。

如此一來，孩子們的紋理才有可能一一浮現；我們對他們的認識也會永遠改觀。

優秀的老師熟練於方式和技巧，卓越的老師熟練於理解人、讀懂人。

因為照著標準作業流程，有時會忽略了一些核心、有效的解套方法，若只在技巧、程序的範疇中，容易失去真實的同理心。

最懂得和學生互動、解決學生問題的老師，來自於真實了解到孩子們深層、錯綜複雜問題的底蘊。

同理心的姿態若帶給了我什麼，那就是教會了我謙卑，明白每個生命在他所在位置的可貴。

・曾經有一次，我坐在籃球架旁的花台上，陪一個孩子深談是否休學的重要決定。

・曾經有一次，我陪著一位同學視為傲慢的女孩閒聊，聊到她有多麼討厭母親，但講到她看到某部電影中表達母女之間情誼的時候，她在我面前崩潰哭泣。

・曾經有一次，一位孩子因為感情想放棄學業，我陪他在捷運旁的飲料店談到夜深，陪他找到自己真正要的是什麼。

老師必須不怕把自己「弄髒」，不怕「沾鍋」。不是永遠坐穩於辦公室裡，等待學生主動傾吐心聲，而是跑進他們生活的場域：籃球場、圍牆邊、走廊的盡頭、下課後的教室、樓梯的轉角、花台；以他們習慣的姿勢蹲著、歪坐著，感受他們的感受，懂他們的懂。

老師該教，
卻沒教的事

倒空自己，不以為自己已經有了，讓自己重新像一塊海綿一樣，準備吸收未知，我探索孩子們生命未知的歷險，才剛要開始。

註：JR's TED 獎項願望，「用藝術顛覆世界」。二〇〇六年，藝術家ＪＲ曾在中東辦了一場充滿顛覆性質的街頭攝影展「面對面」（Face 2 Face）。

他為當地彼此仇視的兩個民族——巴勒斯坦人和以色列人——拍了許多怪表情的大頭照，並將兩方同職業者的照片並排放在一起貼在最顯眼的場所。最後詢問當地人，哪一個是以色列人，哪一個是巴勒斯坦人；所得到的答案是超乎想像的，很少人真的分辨得清楚，對立的雙方彷彿也沒那麼巨大的差別，敵、我之間那條界線逐漸模糊。

最後一堂課，我們練習說再見

我挑選出每個孩子這個學期中最具代表性的一張照片，是他們在我印象中最鮮明的模樣。再將照片投影出來，並一位一位的給他們回饋。

面對生命重要的一課：道別

道別，是生命中必須承受的荷重。

或早或晚，我們總得找到自己與人說再見的方式，才能繼續書寫人生的下一段文字。

人們會相聚，關係會建立；會爭執、賭氣、冷戰、和好，從相知到相惜……而到最後的最後，終須面對分離。

然而，我們常注重相見歡，卻常遺漏離別難。

其實，每一次的相遇，就已為下一次的道別鋪好了哏。最困難的，是在於找到適合的方式，在適合的場合，趁著還來得及的時候，整理內心盤根錯節的情緒，好好地表達感謝、祝福、難過，大方地道聲再見，不讓閉鎖的感情卡在胸口。

與孩子們說再見

在這學期的最後一堂課，我和親愛的孩子們說再見。

我挑選出每個孩子這個學期中最具代表性的一張照片，是他們在我印象中最鮮明的模樣。再將照片投影出來，並一位位給他們回饋，也請他們給我一點回饋。有學生說我是讓他第一位談話不會緊張的老師，有人說我教會了他們書本以外的事物，有人說我能消除她對老師長久不信任的心結，有人說我讓他看見一個真正的班級的面貌該是如何，也有的說我是讓他既喜歡又討厭的老師。無論聽見什麼，我都誠摯地感謝他們。

接著，我讓孩子們各自用覺得自在的方式向我道別，有些孩子選擇揮揮手說bye bye，有人和我握手，有人選擇擁抱，甚至也有很有個性的學生，告訴我說：「老師，我不想跟你說再見，因為我們仍會相見。」對於他們的任何一種表達方式，我都欣然接受、全然尊重。

當害怕說再見時……

我們中國人常會害怕道別。有些人不喜歡承受那種離別依依的場面，無法接受對方將從自己的生命中出走，或純粹不喜歡掉眼淚的煽情畫面。

但不好好說再見的結果，就是當真正要說再見的時候，我們會感受到情感的戛然而止，伴隨而來的，是僵化、笨拙的肢體動作、卡住的言語，與閉塞的情緒，讓一段美好的關係剎那停頓於無言。

我們長久缺乏對身旁的人說出感恩與感謝，以至於我們往往只感受到人群中的冷漠，習慣之後，就只剩下悲慘的無感人生。

雖然這些孩子們說再見的時候，有些表現得尷尬不適，但他們至少都努力的嘗試，並接受這些都是生命中必經的歷程。

我不會忘記我與孩子們在最後這堂課，這些發自內心，真實、親密道別的話語，所有我們給予彼此的鼓勵與祝福，我都會好好珍惜且收藏。

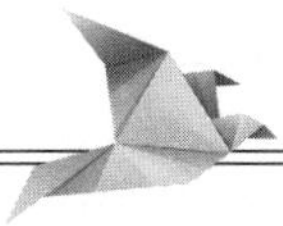

最困難的，是在於找到適合的方式，趁著還來得及的時候，整理內心盤根錯節的情緒，好好的表達感謝、祝福、難過，大方地道聲再見。

給親愛的你們……

帶一個班級，就像和一個女孩談戀愛一樣，會累積很多深刻的感情。

珍惜課堂的最後時間，我緩緩、深深地讀一封準備已久的長信給孩子們，紀念我們一同走過的時光：

親愛的孩子們，多年過後的某一天，在人生某個疲倦、沮喪，或得意、開心的時間點，我們必定會想起這一刻，想起這半年我們共同創造過的許多金色回憶。和你們共度這揪心到滴淚，與大笑到噴飯的一個學期，是我生命中無比滿足的時光。

短短不到六個月的時間，我能做的很少，很想再多陪你們一些，把你們的潛力再逼出來一些，再多愛你們一些，再多和你們說說話，分享我的故事，我的歡喜與哀傷。

但時間就像凶狠的巨獸，不會因為你哀聲求饒就放你一馬。

我太太有心臟的疾病，每次當她病發，在床上無助的時候，我總試著用千方百計安慰她。此時她會說，我無法了解心臟刺痛的感受。但，我最近感受到了，這半年以來，我的胸口常有悶痛的感覺……

老師該教，卻沒教的事

我看見你們在舉辦活動前夕，因為壓力而崩潰哭泣，那時我的心如刀割。在鼓勵你們的同時，我的淚也在眼眶中打轉。

當你們因為進到實習餐廳，熬不過師傅與學長姊嚴格的訓練，在辦公室吵著跟我拿休學單時，我雖然知道你們必須熬過辛苦，才能成長，但我的心不捨。這是腦袋和心無法協調的時候，你們哭，我也陪著你們一起哭。

我也看見，原本你們富有活力，對未來滿有熱情，但隨著時間的消磨，有些人臉上的笑容開始凋謝，對未來的路產生懷疑。你們無助，我也跟著無助。

但也有更多時候，你們是洋溢著笑容、散發著活力、滿帶著學習上的成就，而這些令人驕傲的片刻，很高與我也能與你們一同見證。

最後……我要說，這學期能帶到你們，給了我心中無限的滿足感。能陪你們一起成長，我發自內心的說，是我的榮幸。打從心底，我真的很滿足，這段時間有你們和我一起走過。

從你們身上，我看見了許多未來的領導者、未來的廚神、未來的創業家。

就要換班了，我還要對你們說，只要你們需要，我隨時都在，不管你們將來的老師是誰。在你遇到每一種情況、在你不論何時心裡有憋著的無奈與委屈，或藏不住的祕密與欣喜，記得，我隨時都在。

只要你願意，我永遠都可以陪你、懂你，和你一起走過。

輯2

總是奮力抓住每個懸崖邊孩子的老師

「我要成為這樣的老師！」

「這個學期，我最討厭的人是緯中老師，因為他對我很冷淡，很凶，讓我很沒有自信，我也覺得老師根本不關心我。」

我驚詫不已，當下我的內臟好像被重炮打過，翻騰難以平復。

對我而言，一個老師的價值，不在於他得了多少的獎章、累積了多少年的資歷，或在多顯赫的名校任教，甚至也不在於他的學生的在校成績或未來成就。

一個老師的價值，我認為，在於他如何投注他的生命在學生身上，在於他是如何被記憶、被提及，也在於他如何為他的學生創造出更遼闊的視野。

從三十三歲一腳踏入了教育界之後，青嫩的自己經過了許多觀念的衝撞與重組。在教學現場，我一面上課，也常一面思索，不斷地問自己：「我到底怎麼看待自己身為老師這個身分呢？」

在課堂上我總會帶一堂「我是誰？」的課程，讓孩子探索自己，產生自我認同感，進而設定目標；但身為老師的我，自我認同是如何呢？

從這段時間的挫折和無助、成就與歡欣中，我逐漸摸索出自己的定位與價值，慢慢知道我想成為怎麼樣的老師。

僅將這六項身為老師的「使命宣言」，獻給我過去、現在，和未來的所有學生：

1 充滿愛、充滿溫暖

每一位老師，都有自己的特色……

有的老師，你接近他，你會感受到他淵博的知識，你覺得自己可以向他請教一切的事。

有的老師，你靠近他，你會感到畏懼，他的威勢臨人，做錯事的時候，你在他的身旁只會不住發抖。

有的老師，你親近他，你會覺得開心，他的來臨總會帶來歡笑，他能扭轉氛圍，讓悲劇轉瞬間成為喜劇。

而我，我希望當你站在我身旁的時候，你能夠知道，我愛你。

我希望當我走近你的時候，你會覺得溫暖，覺得被愛，覺得受到一股支持的力量所充滿。

他人可以質疑我的教學方式，可以質疑我的帶班技巧，甚至可以質疑我的人品，但我不容許他人質疑我對你的愛。

然而，請不要濫用、踐踏我對你的愛。

若因著我的愛，無法讓你成長，讓你無法面對必須的挑戰與壓力，那就是我的失敗。

若真的到了這個時候，我會板起臉、收起愛，逼你成熟。

我的愛是複雜、有層次的：

- 在這個愛裡，有等待，等待你準備好，讓我陪你走一段。
- 在這個愛中，有寬容，寬容你在過程跌跌撞撞中所有的犯錯。
- 在這個愛裡，有期待，期待你不斷挑戰自己，要求自己成長。

2 真情流露，不耍心機

曾有朋友告訴我：「對待學生，不要太早掀底牌，要藏一手，要玩心機，要讓學生摸不著你，因為當你被學生摸清，你就會被學生看輕。」

我尊重我的朋友，但我無法認同他的說法。

我，是玩真的。我有多少料，我就展現多少。我不會隱藏我的弱點，我不怕自曝其短。

也許很少老師會暴露自己的缺點、不堪回首的過去給學生聽。有些人會害怕這樣學生就看不起他，覺得老師和他們一樣很廢。

但我不怕，我就是要讓你知道，我曾經很廢，甚至比你更廢，就算到現在，我常常還是覺得自己很廢。

畢竟老師也是人。然而，就是因為我們都曾經歷了失敗與頹廢，才能知道站著行走的可貴。

> 我要讓孩子們知道，我曾經很廢，然而，就是因為我們都曾經歷了失敗與頹廢，才能知道站著行走的可貴。

我相信學生會因為看見老師真實的一面，不會因此看不起老師，反而會更加尊重他，因為他誠實面對自己所有的好與壞。

而當我能難過就哭泣，開心就微笑，願意分享自己的脆弱與得意時，我發覺學生也比較能自然地流露出自己的本色。

因為出於什麼，就會觸動什麼：出於腦袋的，會觸動腦袋；出於心的，會觸動心；出於真誠的，也會觸動真誠，並且贏得真誠的回應。

3 始終陪伴，永不放棄

有一天，一位學生上台做完簡報，最後說到心得時，他說：「我要謝謝老師，因為最近浪費了他很多的時間，晚上都留下來陪我們做報告。」

我即時回應他：「**親愛的孩子，你無法『浪費』我的時間，因為我的時間，本來就都全然屬於你**。我若不『浪費』在你身上，還可以『浪費』在誰身上呢？」

我無法讓你們所有人都喜歡我，但我要讓你們知道，當你們需要的時候，我都在。

我不會放棄每一個「你」；只要任何時候，你的一則簡訊或Line，我就可以拋下一切和你談心，傾聽你心中每個角落的聲音。

我期待自己能看見每個人的不同，用心理解你的故事脈絡，也尊重每種想法，因你而柔軟，用讓你自在的方式與你相處。

自從當了老師之後，我漸漸察覺到自己的弱點，就是當我看見你們低迷、失落的時候，我也會跟著難受。我想這是因為我自己也曾歷經這段充滿矛盾、青春的年代吧。

這該是所有身為老師之人的必經過程，得耐得住身旁孩子們無時環繞的喜、怒、哀、懼，並適時抽離自己，學習如何壓抑自己的心痛，跟著孩子一起成長，陪伴他們找到自己生命中綿延的力量。

4 看見你的好，並要你更好

在每個學期的開始，我總會帶著學生一起訂目標、設下期待。但我不會僅僅滿足於這個

孩子，我不會放棄每一個「你」；只要任何時候，你的一則簡訊或Line，我就可以拋下一切和你談心。

老師該教，卻沒教的事

期待……

如果你對自己的期待是上台說話不緊張，那我會要求你在不緊張之外，再多一點自信；如果你的期待是規劃事情更縝密，那我會要求你在縝密之外，再多一點彈性；如果你的期待是學習領導的能力，那我會要求你在領導之外，再多一點關懷。

總之，**除了你對自己的期待之外，我會要求你「再多一點」**。

我曾經對學生說過：

「我最無法忍受的事，是你們縱任自己的能力荒蕪，讓自己潛藏的能力被任何原因所埋沒，把自主的機會當成自我腐爛的機會。

當你們糟蹋自己的能力，蔑視你們手心裡所擁有的可能，忘卻你們身上所承載的機會時，我會無法安心，渾身不舒服。」

所以，我對自己承諾，我會把你最好的一面帶出來。

我會看見你的亮點，把你的潛力發揮出來。我會用盡各種方式（包括凶狠地罵人），頑強地從多個角度去突破你的無謂、麻木，與自我設限。

畢竟，既然可以更好，那為什麼要放爛？既然可以認真，那為什麼要頹廢？既然可以飛，那為什麼要爬？

我希望你對自己認真。勇於挑戰自己內心試圖逃避的恐懼。

因為我認為的勇氣，不是沒有害怕，做自己習慣做的事；而是承認你仍會害怕，但卻願意面對這個恐懼，正面和它四目凝望。

5 處於謙卑姿態，一同學習

在正式進入教學現場後的兩個多月，我寫了一篇文章〈學生教會我的十五件事〉，開頭的第一句話寫著：「我以為，我是來教學生的，殊不知，我所做的第一件事，卻是學習。」

我一直覺得，在我當老師的這段歷程之中，「教」的成分是很少的，佔更大比例的，反而是「學」。

我常從學生身上學習、從優秀的老師身上學習、從課堂中所發生一切大大小小的事上「偷學」。

> 孩子，我希望你勇於挑戰恐懼。因為我認為的勇氣，不是沒有害怕；而是承認你仍會害怕，但卻願意面對。

在帶班的最後一堂課，我總會邀請孩子給我一些回饋，因為能透過不同的眼睛看見自己，是一種幸福；同時，我也會給孩子一些回饋，並告訴他們我從他們身上學到的事情。

在現在這個時代，當愈來愈多世界頂尖大學願意將校內名教授的授課影片直接分享在網路上，當愈來愈多樂於分享的達人、有想法的人，或甚至素人不吝公開自己的知識與專業時，老師若仍對學生秉持上對下的灌輸、權威式的教學，我覺得那是一種傲慢與無知的表現。殊不知學生手中的智慧型手機，懂得就比全校老師加起來更多。

知識不是灌輸的，而是分享的；生命不是權威的，而是流通的。

在過去這段時間，我就從我的學生們身上學到好多好多，我從他們身上學到樂觀微笑的可貴、高超的榮譽感、叛逆的勇氣、責任感的重要，甚至學到如何原諒那些曾經傷害過自己的人，學習如何優雅的道歉，尊重每個與自己不同的人。

縱然我比我的學生年紀都大上兩倍以上，但我從來不把他們看成小孩，而會把他們當大人看，因為他們各自有獨特的生命經驗，全都是我可以學習的對象。

所以我常對我的學生說：「我要跟你們一起學習，而且我相信自己不會輸給你們！」

6 不完美，也不打算完美

在陪伴學生的過程，我逐漸發現我無法做好每一件事、處理好每一項細節，無法關注到他們在每個環節中的情緒與狀況。

在當老師的這些年以來，**我最羞於承認卻又最正確無誤的體認是：我不完美，就算我傾力以赴，這一生我仍不可能完美。**

帶班過程所發生的一件事，讓我一輩子都會紀念。

在學期的最後一天，我邀請每個學生都分享這個學期給老師與同學的回饋，當每一位都說正面的話語時，一位孩子卻說：

「這個學期，我最討厭的人是緯中老師，因為他對我很冷淡，很凶，讓我很沒有自信，我也覺得老師根本不關心我。」

我驚詫不已，當下我的內臟好像被重炮打過，翻騰難以平復。

除了震碎了我對自己身為老師美好形象的幻夢，也化解我心中一直以來愚妄的自欺。

花了一段時間平復心情後，當晚，我寫了一封信給這位孩子，其中有一段我寫著：

孩子，我從來不知道，自己的愛可以不斷付出，雖然受傷，但也得為了你們堅強；孩子，我也從來不知道，自己的心這麼軟，但總得為了你們硬起來。

老師該教，卻沒教的事

「我想謝謝妳。

謝謝妳願意告訴我心中的感受。說出真話是一件不容易的事，這需要十足的勇氣。如果妳今天沒有說出來，那我會永遠被蒙在黑暗裡，不知道我所做的事會帶給妳這麼大的陰影。

因為妳今天願意說出口，才讓我有機會看見我自己的不足，讓我保持謙卑，讓我能繼續成長。

我也想向妳道歉。

對不起我沒有感受到妳的感受，感受到妳所承受的煎熬與創傷。我覺得很愧疚，因為我自詡為一個全力愛學生、關懷學生的老師，卻沒有讓妳感受到我內心澎湃的支持。」

經過了這件事之後，我不再追求完美。

完美，不是我的目標，因為自覺完美了，就難以持續虛心。

完美的人，無法成長；自覺殘缺的人，才有空間長大。若完美了，那還有什麼意思呢？

雖然不完美，但仍拚上全力，不敢鬆懈；雖然不完美，但今天要比昨天更好。這是我對自己的期許。

開平餐飲學校提供

是你們，讓我成為老師

三年的教師生涯轉眼飛掠，我不敢相信自己教過的第一批學生竟然要畢業了。在他們的畢業典禮上，我滿懷感恩地站上台，向他們致意：

「你們，是我第一年當老師所遇見的學生。

第一年的時候，對別人說起自己是老師時仍會感到害臊，常常會質疑自己，『我真的是一位老師嗎？』

沒有你們，我無法成為老師；是你們，讓我相信，我可以成為老師。

當老師之前……

我從來不知道，生氣的我是如

何，竟可以紅著眼咆哮、敲板夾、踢桌子；

我從來不知道，難過的我是如何，為了學生，我常難以入眠；

我從來不知道，自己的愛可以不斷付出，雖然受傷，但也得為了你們堅強；

我也從來不知道，自己的心這麼軟，但總得為了你們硬起來。

因著你們，我重新探索生命的可能，找到自己的使命與價值。

感謝你們，讓我可以自豪的宣稱：我是一位貨真價實的老師。」

這六項使命宣言，不僅獻給我的學生，也將永遠提醒自己；只要仍身為老師，我所不想改變，也不會改變的承諾！

我想認識你

他聊到國小五年級一次意外犯錯後，老師臉上鄙夷的神情。一氣之下，小小年紀的他心想：「既然你認為我是壞學生，那就讓你看看真正的壞是什麼吧。」

開學的序曲

早上八點十分，教室裡坐齊了高一新生，唯獨應該有老師站立的講台卻空無一人。今天是開學的第一天，孩子們心情躁動不安，如同這九月初的天氣，悶燥難耐。來到這所沒有鐘聲的校園，他們毫無戒備，不知道到底什麼時候開始上課，如坐針氈，只能無聲地彼此望向身旁陌生的臉，迫切地想從他們身上找到一點令自己安穩的線索，卻一

老師該教，卻沒教的事

無所獲。

這天，他們會遇見第一位帶他們的老師。透過這位老師，他們會初步認識這所學校。近五百個新生，卻是一樣的心思：「我會遇到什麼樣的老師，他會喜歡我嗎？我會喜歡他嗎？他看見我的時候，會想些什麼？我要怎麼在這學校裡，表現出我最好的一面？」

八點十三分，我拎起我心愛的胡桃木吉他，悄聲推開教室後門，努力憋著淘氣的笑，乍然狂聲刷下C和弦，嘹亮開唱楊培安的熱血歌曲：〈我相信〉。

想飛上天，和太陽肩並肩，世界等著我去改變
想作的夢從不怕別人看見，在這裡我都能實現

這一記偷襲，掀起了一陣不安低呼的騷動。

四十多人如同被強光照射的鹿，驚恐、呆滯、無從反應。

待他們稍微回神時，我已經走唱到講台前，正好唱到了激昂的副歌：

我相信我就是我，我相信明天
我相信青春沒有地平線

大概是因為我陶醉的神情、粗獷的歌聲，和與身旁肅然氣氛的劇烈違和感，造成了一種喜劇般的荒誕感，孩子們的嘴裡都泛出了微笑。

所有從一起床就積鬱的緊張和胃痛，被歌聲頓時瓦解無蹤。

我彷彿聽見了他們心中的OS，「這不是學校嗎？我來錯地方了嗎？一早怎麼有街頭藝人出沒？」「這老師也太狂了吧！」「天啊，我竟然遇見了一個瘋瘋癲癲的老師，我這學期該怎麼活……」

歌聲戛然一收，我隨即接著說出前一晚準備很久的內容：

「在眾多學校中，你們運用自由意志選擇了這所，配合學校特殊獨立招生的方式，經過重重關卡而進來。你們每位都一定懷著不同的期望，期待自己在這裡能改變、成長，和其他人不一樣。希望你們能和歌詞中所說的一樣：『想作的夢從不怕別人看見，在這裡我都能實現。』」

我告訴學生們，我不認識你，更不認識過去的你；在我的眼裡，你們是一群沒有歷史的人，有如一張白紙。

但不管你們的過去如何，無論是荒唐軟爛或光榮輝煌，若沒有經過你的允許，都不會隨著你進入這間教室。

因此，**在這所全新的學校，你可以決定自己要成為什麼樣的人**；你的面貌，你自己掌握、自己創造。

老師該教，卻沒教的事

理解學生，是對老師的第一個基本要求

我外表看似信心滿滿，鏗鏘有力地跟孩子們講起這段開場白，但其實前一晚的我，緊張得在床上輾轉，腦間的思緒如暴風雨，竄得我發痛難眠。

到底在開學的第一天，我想要帶給這群孩子們什麼？如果他們只能感受到一件事，我會希望他們感受到什麼？

凌晨一點，一個奧地利教育者的話闖入了我的思緒：「孩子就像一本書，而老師的責任，是去讀懂這本書，並陪伴孩子將這本書寫得更精彩。」

暴風雨總算平息，我內心渴望傳達給這批高一新生的訊息猶如晨星般清晰：「我想認識你。」

我回想起高中時的自己曾經多麼地抗拒教育體系，曾試圖用偏差的行為與體制對峙，但在一次又一次的反叛後，真正懲罰的卻是自己。

在自己受教育的歷程中，老師對我而言，從來都是高遠冷峻的存在。從來不曾有老師嘗試來理解我，理解輕狂中的憤怒、疑惑和哀愁。

對我來說，這是多麼大的奢求，這樣的思緒也從未飄過腦海。老師和學生的關係，就像街頭暴動時拉出拒馬的一方，與憤怒砸雞蛋的一方。

就讀大學曾有一段時期，身旁的同學爭相修習教育學程，我卻立誓不走教育，傲慢地敵

視教育，不受他們絲毫影響。

多年過後，我卻意外又命運般地走進了校園，擔任了教職。

此時，我依據自身生命經驗，對身為教師的自己提出一個最基本的要求，那就是我要理解我的學生。

我深深地相信，當人被理解、被看見了，就有力量了。

撕去標籤，還原自己

開學後幾天，我常偷偷地觀察這批一年級的學生，並暗自為他們嘆息。

在我眼中，他們易受驚的生硬臉孔、帶有距離感的觀望，或擺一副別人對不起他的裝腔作勢，都只讓我看到更多過去他們受挫的歷史：成長歷程中累積了不被信任、未被認同，甚至被貼標籤。

身為老師，我要理解我的學生。我深深相信，當人被理解、被看見了，就有力量了。

老師該教，卻沒教的事

久而久之，他們無奈選擇照著別人眼中自己的樣貌而活。自我放棄，成了再自然不過的選項。

其中有一位滿臉痘痘、眼神中毫無忌憚的學生特別惹我注目，他身上彷彿有看不見的磁力，吸引同學們下課時圍坐在旁。

他最常說到的話題，就是大剌剌的「誇口」他在國小、國中時都是老師的頭痛人物。他也「預言」他將在高中必然再次贏得這個頭痛人物的稱號。

說起話來的姿態，好像這名號是一個多麼值得驕傲的榮譽勳章。

我開始好奇他的故事。

逮住了一個機會，我突如其來問他：「對於你，其實我一無所知，但聽見你平時說話的方式，好像認定我未來對你的評價會是如何。可以請你告訴我，你為什麼會這麼想嗎？」

要問對問題，要花好多的時間，費好大的力。

否則，你的問題在孩子們的耳中，只是個外來者、門外漢的不知所云；你敷衍地問，他們無所謂地答，永遠沒有深處的交會。

他訝異我對他的觀察，因為在他的生命中，從未曾有老師嘗試去理解他。

於是，另一件從來不曾發生的事發生了，他竟向老師開口分享自己的故事。

他和我聊到國小五年級一次意外犯錯後，老師臉上鄙夷的神情。

一氣之下，促使他用行為來證明老師的觀點。

小小年紀的他，心想：「既然你認為我是壞學生，那就讓你看看真正的壞是什麼吧。」他的口彷彿井口，源源不絕地流出故事的泉源。

他說，自小以來，爸爸開的海鮮餐廳更像是他自己的家。他穿梭於喧囂的桌席間，國小就開始倒茶、端菜，跟食客們抬槓說笑，國中起更能靈活地在廚房中幫忙，甚至炒點小菜，客人們海派的交談、油滑的腔調，他也耳濡目染、百無禁忌地吸收成為自己性情的一部分。

然而，在餐廳中生龍活虎的他，在國中、國小的課堂中卻處處受壓抑，過去老師注意到他的時候，總是闖禍與作亂。

我在他狂放言行的背後，似乎察覺到他不被肯定的鬱悶；在他大話振振的言談下，我見到了他如光閃爍的魅力。

一天上課，當他又墮入過去的模式，在班上試圖起鬨，迸出一連串不雅的話語，阻斷了課程的節奏。

全班倏地回頭望向他，隨即又如波浪般地轉向我，看我會怎麼處理。

> 透過理解，至終，所有的標籤，都有被撕下的可能；
> 所有的不可愛，也都將惹人憐愛。

我安靜了三秒。

深呼吸後，平緩、懇切地對他說：「**親愛的孩子，這一次，無論發生什麼事，你絕對不會成為我的頭痛人物！**」

他直怔怔地望著我，睜大的眼睛裡藏不住驚愕。

接下來的兩週，他的狀況愈來愈好，雖然仍是調皮搞笑，但上課總是積極參與，作業也都盡心盡力。

某夜凌晨十二點多，他用Line傳了張照片給我，圖上是他一回家就拚力趕工的「生命線」作業。這份作業要求學生用紙筆手繪人生的心電圖波折線並回顧從小到大的故事。洋洋灑灑，他一口氣寫了一千多字，並傲氣地告訴我：「這是個一百分的節奏。」

隔天課堂，我讓他在班上分享他的大作，也問這位學生：「你上次這麼認真做作業是什麼時候的事了？」

他歪頭想了兩秒，機靈地回答：「大概是幼稚園吧！」

全班頓然爆笑。

過了一個月，他慢慢展現出自己帶動與領導的亮點，在班上擔起一份報告的負責人，帶著同學們一起執行，表現得可圈可點。

後來這位學生回顧自己轉變的歷程。

他說：「這段經驗，使我相信老師對我不會存有刻板印象，讓我可以很大方勇敢的在這個新學校學習。」

讓不可愛成為可愛

有人問我，為什麼花那麼多的時間，去理解一群「不可愛」的孩子；為什麼要去聽他們的故事，去看見他們行為背後的動機。

在還不知道該如何回答時，我們已經跳到了下個話題，但後來談話的過程，我腦中卻來回盤踞著我內心的答案：

我想理解你，讓你被看見、讓你發光，找到自己的音調；

我想理解你，支持你、陪伴你，讓你自在摸索未來的路；

我想理解你，因為我曾經、曾經，是這麼的未被理解過。

透過理解，至終，所有的標籤，都有被撕下的可能；所有的不可愛，也都將惹人憐愛。

為孩子注入力量的陪伴

我看見坐在籃球框下的他，頭埋在雙手裡。
我拍拍他的背，他看著我，說起昨晚因為長時間的晚歸，和爸爸的一場劇烈衝突……

三十三歲剛擔任老師的那一年，心想過去累積了好些在台上說話的經驗，也在教會中規劃過大大小小的活動，自覺得摩拳擦掌，準備好要去「教」我的學生。

每次上課的前一晚，我總會把教案準備得細緻淋漓，將課程塞滿了啟發的影片、精選的文章、旁徵博引的小故事，與逗趣的軼事。常常備課到深夜，老婆看見了都戲稱「貝克漢」。

然而，我在講台上滔滔的講述，卻敵不過手機頻頻的誘惑。

一日接著一日的挫敗，我漸漸領會，這是一場註定打不贏的戰事。我只有一個人、一張嘴，手機裡卻是一整個娛樂媒體打造的大千世界。

班上其中一位孩子的反應，格外令我無力。

從第一堂課開始，他就像一尊希臘雕像，白皙、漠然，靜靜地坐在靠窗的角落，不參與、不在乎、沒有一次理會課堂上的事，他不是望向窗外，就是滑著手機。

兩個月過去了。有一天，我無意看見坐在籃球框下的他，頭埋在雙手裡。

我過去拍拍他的背。

他看著我，說起昨晚因為長時間的晚歸，和爸爸的一場劇烈衝突。

平時上課千言萬語的我，卻因從未受過陪伴人度過陰霾的訓練，只能**傻傻地陪他坐著、聽他訴說，也陪他一起不知所措地哭。**

那天開始，我們的關係改變了。

不僅他上課的態度明顯不同，下課時也常溜進辦公室找我聊天，和我分享近況。

是人，不是課程

我驚覺到一件事，那段時間，我全然專注於課程，而忘了上這些課程的「人」。

我意識到，孩子對我的評價，往往不是我自以為的那些「豐功偉業」，而是我曾經給他們那幾次真誠的陪伴。

我自覺完美的教學大綱、講得滿場飛的精采授課，通常都不是孩子們之後對我留下的印象。

學生對我的印象，往往在於他們有求於我的時候，我當下的嘴臉是如何。是垮著臉，露出厭煩？還是假笑中帶著輕蔑？或是真的把他的事當作一回事？

不管我再忙，或覺得學生的事再瑣碎、再無謂，我都會記得，事情不分大小，而在乎需求者的感受。

魔鬼還是藏在細節裡，藏在我每次回應的態度中，藏在我所遺忘、孩子卻過目不忘的一個眼神、一個笑容裡。

所以，**當孩子主動找我的時候，我絕不會輕率辜負了他**。

是的，我當然也可以選擇拒絕、擱置，或忽略學生的需求（孩子才不會在乎我的理由是什麼），但我也得做好他從此不會再主動搭理的心理準備。

這個事件也重新讓我思考，老師的角色到底該是什麼？老師與學生的關係又該是什麼？

經過幾年的摸索，看過了各式各樣的學生，遇見了每一個無法歸類的個案、與眾不同的「人」。我發現自己與他們之間，隱隱約約拉著一條線。

這條線可長可短、可鬆可緊，也可以有不同的色澤、裝飾、材質。

> 孩子對一個老師的評價，不是老師自以為的那些「豐功偉業」，而是老師曾經給過的真誠陪伴。

這條線，就是一種陪伴的關係。

而我，也愈來愈清楚自己想成為一個能深度陪伴學生的教師。不論每個生命表顯的方式為何，我都期待自己能好好陪伴他；用我的生命，去陪伴一個又一個，宛若奇珍的美妙生命。

三個要素，讓陪伴更有溫度

這樣的陪伴，在我的經驗中，包含了三個要素：放手、傾聽、問一個好問題。

1 放手

要陪伴學生，在心理層面，必須先懂得放手。

放手，不是放生、放棄，更不是放縱、放爛。

放手，是給予空間，讓生命成長；放手，是屏息關切，並適時回饋；放手，是忍住掛念，一次次相信；**放手，有時甚至是看著他挫敗跌傷**，但除非他求救，否則絕不出手。

要老師忍住不給方向、不給答案、不給目標，是件無比殘酷的事。

不然老師還有什麼用處呢？老師不就是標準答案的同義詞嗎？但在開平餐飲學校，忍住卻是對教師最基本的要求。

因為**放手的背後，是一種對生命的全然相信**。相信生命終究會找到出路，**只要給予資源，就必能做出對自己最好的選擇**。

放手，就像陪一個人爬上未知的山林，你得按照他的步伐同他一起走，也順著他所拐的彎、選的路，在他後方給予支持、賦予力量。

然而，許多老師陪伴學生卻像是到公園遛狗，僅照著自己的意思，強拉著孩子到他想去的地方。

放手這兩個字看似簡單，其實是經過幾個層次的修煉：

- 「看不見」：學生的事，都在老師的眼皮下發生，但因為老師不在乎，或太輕忽，竟沒有看見。
- 「視而不見」：看見了學生發生的事，卻無力處理，或者沒有意願、懶得處理。
- 「看見了立即處理」：看見了學生的事，很認真的急於當下馬上處理，立刻給答案、給做法。
- 「看見了卻忍住」：明明看見了孩子的事，也心焦地很想幫忙，卻選擇伺機而動，尋找最適合出手的時機。

2 傾聽

要陪伴學生，在具體行為層面，必須學習傾聽。

傾聽，是陪伴的開始。

若不傾聽，要如何理解？若不理解，要如何陪伴？聽，好像是一件最容易的事，其實卻是一件最難的事。

孩子有時候不說，是因為大人的自以為是，因為才說了幾句就被大人下了「判決」，歸類到某個貼有標籤的箱子裡。

他們從未好好說，是因為沒有人試著好好聽。

所以，每次聽孩子在說話的時候，我都彷彿化身成一個國家地理雜誌的記者，背著全副裝備，手拿單眼相機，期待的心一起一伏，瞪大雙眼，展開一場沒有地圖的冒險旅程。

傾聽是吃力的，因為我必須打開全部的感官去吸收，不只用耳，更得用上眼神、動作、全人。

我會停下我內心的饒舌和旁白，**去聽懂孩子真正想說的是什麼，還沒有說出口的又是什麼。**

除了聆聽話語本身的內容之外，也許更重要的，是去留心這句話是怎麼被說出口的。這句話說的時候，展現了什麼表情？用了哪些肢體動作？帶著什麼樣的語氣？展現了什麼樣的情緒？又是在什麼樣的情境下被說出口？

與其探究核心，我們常處在表象；與其去問孩子說這話的根本原因，我們寧可停留在話語本身，與影子打架，徒勞無功。

3 問一個好問題

除了傾聽之外，陪伴還有一個決定的要素：問一個好問題。聽不是被動的接受，更是主動在聽了孩子的故事後，適時回應，並帶著好奇，丟出一個好問題；有如一個探勘石油的掘井先鋒，嘗試各種方法，為要找出富含原油的礦脈。

好的陪伴，不在於提供孩子們答案，而是在於在對的時間點、對的場合問他們一個好問題，也幫助他們問自己一個好問題，讓他們反思，讓他們學習自己找到困境裡的答案。

因為愛因斯坦說：「當你問出一個正確的問題時，問題就已經解決一半了。」

這樣的問題不是如是非題般，黑白分明的傻問題，也不是用手機Google就能跳出答案的填充題，更不是讓學生一聽就知道答案，翻白眼不屑回答的問題。

孩子們從未好好說，是因為大人從未好好聽。

所謂的好問題，是孩子們從來沒有想過的問題，當被拋出來之後，他渴望回答，但答案卻似乎懸在半空，若隱若現，除非經過仔細思考，否則無力回答的問題。

問問題也是個痛苦的過程，要能問出直搗入核心，把人深處隱情挖掘出來的精采問題，真是太難了。

因此，我告訴自己，**不要怕問孩子們問題，而要怕問不夠多問題**。不要怕「想太多」，而要怕「想得不夠多」。

而問題既然已問出，就要陪伴孩子們去追根究柢，直到水落石出，腦海中一片清澈明亮。

這樣的好問題，能讓他找到一個新的觀點，重新發現生命的可能；這個問題，能讓他燃起動力，長出力量去面對所有的難題。

陪伴，是以對方的感受為主

在班級一次討論到身障人士的議題時，一位同學突然暴衝，和我起了衝突。

他的語言充滿了情緒和對立：「老師，我覺得你都不懂身障人的辛苦，難道你都不懂得尊重嗎？」

大家聽見他語言表面的尖銳與挑釁，感受到他的憤怒，卻不知道背後的原因。

經過一天的思考，放學時，我抓住機會問他：「讓你這麼不開心的原因是什麼？」而此時他內心的澎湃一陣爆發，然後仍繼續憤怒地說了一陣。

愕然之餘，我心底響起了很多回音：「我懂啊！」「我很重視啊！」「你誤會我了！」但是，我相信他所感受到的一定是他眼中的真實。所以，我聽、我閉嘴，把所有的理由吞回去，去聆聽、理解。

等他全部說完，我才緩緩回應，分享我也有許多這樣的朋友，與他們所曾熬過的辛苦。他見到我的真誠，口氣終於柔和下來，向我道歉他課堂上的反應，並一邊流淚，一邊說起自己的父親因車禍而無法行走的故事。

聽他說完，我總算了解他的隱情，然後接著問他：「聽完你父親的經驗，我覺得相當難過；但有沒有可能，你能將這股悲傷轉換成力量，你能否藉著深刻理解身障朋友的心情，而在未來更有機會幫助他們呢？」

好的陪伴，不在於提供孩子們答案，而在於問他們一個好問題，讓他們反思，讓他們學習自己找到困境裡的答案。

他顯然沒有思考過這個問題，低著頭默然不語，陷入了沉思。

到了三年級，他毅然選擇了一個「分享力量」的課程，聯絡一個協助身障朋友的機構，和同學一起組隊去教他們廚藝，將自己所學的回饋給社會。

孩子們願意說，是因為知道我珍惜，也知道我不會評價他所說的話，而說話本身，往往就是一個釋放與療癒的過程。

當陪伴不下去的時候

然而，有時當我已竭盡所能去陪伴，付出一切努力，仍無法挽回頹勢之時，我也明白：有些事情，不在我的掌握之中（其實是大部分的事情）。

教育最痛苦的一個部分，就是當老師盡了所有的努力以後，孩子依然毫無改變，事情的演變，仍然朝著心中所預設最糟的方向走。

曾有一個夥伴的分享讓我深有所感：「身為老師，你覺得自己在各方面都盡力了嗎？若你都已盡力，就不該再要求自己什麼了，若再要求，那就是驕傲了。」

這個時候，也是該繼續往前走的時候。

也許孩子在下一個轉角會明白過來；也許這就是他該經歷的天空；也許孩子在離開我之後，有其他人的陪伴，因而活得更好……

我為什麼責備？（上）

很多的責備都是罵完之後就沒事了，僅停留在宣洩情緒的階段。但責備之後，才是真正教育的開始。

一個曾經「心太軟」的老師

認識我的人就知道，我愛我的學生，我的愛常叫他們雞皮疙瘩掉滿地。因為過度敏感的同理心，讓我成了一個心太軟的老師，太為學生著想，太站在學生這一邊。

我曾告訴學生們：

老師該教，卻沒教的事

「我最大的弱點，就是我對你們的愛；所以，請不要利用這愛，好像我永遠不會發火，永遠都會軟下心來。」

我過去的思維是：我愛學生們都來不及了，怎麼狠得下心罵他們呢？

況且，我不喜歡罵人，從來都不喜歡，這會勾起我學生時期常遭受辱罵的回憶，讓我想起生命經驗裡痛惡至極的威權教育，也直接衝撞我以愛為名的核心價值觀。

所以在第一年的教師生涯中，我鮮少責備學生。但，不責備的結果，是嚴重內傷的代價，是更深沉價值觀的錯亂。

當我看著學生的狀態不理想，卻只是隱忍不說，束手無策，開口也是選擇性地說了些空洞、蜜糖般的好話，讓許多的怒意憋在心底，壓抑的結果反讓自己心態更不健康。

於是我重新思索：「責罵」、「嚴厲」、「訓誡」，這些傳統的管教方式所代表的意義是什麼？這些詞彙有沒有可能有翻身、重新被定義、被評價的空間？它們存在的價值到底是什麼？我究竟忽略了哪些重要的細節？

有沒有一種責罵，是適當得宜的？**這種責備，可以是一種提醒、一種溫柔、一種比愛更智慧的舉動？**

殺氣與柔情的交融之處

在上個學期，受到一位個性十足的老師啟發，我的觀念徹底改換了。

在這位老師身上，我看見罵人的藝術。

他的責備絲絲入扣，出自於他機警敏銳的觀察結果，他的罵聲往往暴烈直接、直探入學生最深處的動機情感，句句都打在孩子們的心上，然後，在偶然的時刻，他會趁人不注意時，偷偷抹去眼角關懷的淚水。

這畫面在我眼中，卻沒有絲毫的違和感，我見識到殺氣與柔情的奇異交融。

從前，我覺得嚴厲會帶來距離，我以為「好」跟「凶」是矛盾的，而我一心只想當個「好」老師，與學生保持良好關係。但這樣的「好好」老師，正一點一滴的流失界線和原則，愛演變成溺愛，而溺愛滋生出縱容與混亂。

慢慢我才發現，責備和柔愛、界線與關係可以有相互並存的立足點。

責備前後的十二個提醒

經過好一段時間的學習，我發現老師在責備的前後，若能把以下這幾件事放在心上，孩子們更能夠理解這些嚴厲語言背後的關懷：

1 罵錯了，就道歉

你未來的尊嚴比你現在的面子更重要，所以在錯罵了學生時，不要猶豫是否該向孩子們道歉。成熟的人不是不犯錯，而是能即時轉得快。

有幾次在課堂上不小心爆粗話、誤會了學生，或小題大做時，我無法想像除了道歉之外的選擇。

2 責備的目的，是為了有效果

有時候，難聽的話說盡、喉嚨吼到嘶啞、碎念喋喋不休、臭臉擺到臉都垮了，當學生下課走出了教室，仍舊是從前的自己，不痛不癢。

責備不是要彰顯你的威權，或顯揚你的嘴賤。在責備之前，想清楚該說些什麼，怎麼罵更有創意，更不落俗套，也真能責備到人的心坎裡。

有一次，班上的孩子不尊重某位任課老師，我就在班上玩角色扮演，讓學生扮演那位任課老師上課的情景，令他們換位思考，進而展現同理，孩子們就印象深刻。

你可以用很多方式表達你的界線與不滿：凶狠火爆、疾言厲色、平靜堅定……總之，不要讓學生覺得你又在故技重施，每次都搬出同一套訓誨，讓他們覺得疲乏無感。

3 不具體的責備比不責備更糟

別用概化、標籤化或空無的形容詞來罵學生，例如：「為什麼又是你！」「你們班總是這麼懶散！」

有時候我會等待時機，觀察學生的慣性模式，紀錄下他說過了什麼話、做了什麼事。等到時機成熟，將鉅細靡遺的觀察記錄回饋給他，讓他無話可說，並會發現老師的用心，知道我心裡一直記掛著他。

4 責備永遠是基於愛

通常，在和孩子建立基本的信任關係之後，我才會開始說比較重的話。

因為這時他們就曉得，我的責備是基於愛，而這愛必須讓孩子們看見，讓他們清楚，你已經站在他們立場替他們想過他們的處境。

在一次，學生們犯了大錯，我決定要嚴厲地責罵他們，然而在責備之前，我對他們說：

「我想說一段話，說一段你們不愛聽，聽了也不會開心的話；在說之前，我想告訴你們，這段話我說得也不會開心。

因為會傷害你們的話，會先傷到我，因為我已經為你們先想過了。我要說，是因為我不得不說，因為愛，所以我必須說。」

若沒有豐滿愛的支撐，所有責罵的基礎都會崩毀。

5 不要讓學生猜不透你責備的原則

有的老師相當情緒化，動不動就突然爆氣，學生們這樣做也不對，那樣也不對，無法知道老師的原則。

到最後，學生就拒絕猜測，直接呈現擺爛狀態，索性習慣動不動就被罵的狀態。

要讓學生清楚你的界線，當這條界線被挑戰的時候，立刻告訴他們，不要隱忍，直至失控爆發。

6 不要在情緒高漲的時候罵人

情緒化的責罵是潑灑的硫酸，充斥著毀滅性的字眼，毫無指向性的攻擊所有靠近的人。

更慘的是，當學生認定一位老師是情緒的產物後，就會將對他所有的雷霆震怒，或踢桌子、敲板夾的「表演」不理不睬，甚至暗地裡當作觀看一場帶有娛樂性的實境秀。

往往**內心不動怒的責備才會有效果**，讓你不被怒火吞噬，可以思路明晰，並能在責備中觀察對方的反應，且即時給予回饋。

7 要給人犯錯的機會

犯錯，是一個可遇不可求的珍貴時機；犯錯後，人可以有兩個走向：反思而從中學習、心硬而毫無所得。

所以，對於犯錯孩子的處理需要細緻：

> 要接受孩子犯錯，因為犯錯代表他正在嘗試、願意冒險。

- 要接受犯錯，因為犯錯代表他正在嘗試、仍在冒險，從不犯錯的人反而是可疑的。
- 要鼓勵誠實面對，並對於勇於承認給予肯定，不讓說真話的人感覺自己是傻瓜。
- 要陪伴他去回顧事件，在回溯的過程讓孩子面對自己潛藏的動機與情緒。

8 不要停留於表象，要探尋根源

不要只滿足於當救火隊，到火災現場撲滅大火；要成為防患於未然的能手，杜絕火源。對於只看到表象，從不關心動機地責罵，我們常覺得難以忍受，往往左耳進右耳出。關於每一個犯錯，總有它底層、背後的原因，需要有偵探般的好奇心才有機會找到。找出真實的原因，責備才會有力道。

9 要讓學生為自己的行為解釋

東方人的責備常是高壓型的，只要求單向貫徹權威，少有雙向的流動。好像覺得當孩子為自己說話，就是在辯解、找藉口，而他們往往愈說，被罵得愈重，最後寧願閉嘴，知道自己反正都只有被罵的分。

但**我覺得自我表述是重要的，在一問一答中，孩子可以訓練思辨，並學習為自己發聲，或許能讓老師看見事件另一種的詮釋。**

在釐清事理之後，學生在被責備時才能心服口服。

10 不要讓全班一起承受少數人所帶給你的怒火

若因少數幾位孩子的緣故，全班集體被懲罰，等於把全體學生放在共犯的地位上，也容易造成班上與老師之間敵對的緊張關係。

若情況更加嚴重，甚至會讓最富責任感的孩子感覺沮喪，對老師失去信任，因為他們平白無故遭受了你的吼叫、咆哮，與暴漲的情緒。

11 對於那些刻意想引人注意的孩子，可以選擇不必立即回應他們

課堂上突然迸出的一句髒話、孩子間的口角、動亂的小騷動、沒有來頭的大笑等，種種課堂中屢見不鮮的小事件發生時，老師不一定非得立即處理。

此時，或許可以技術性「剝奪」孩子希望得到的注意力，因為一旦他們得逞，他們就享

孩子的每一個犯錯，總有它底層、背後的原因，需要有偵探般的好奇心才有機會找到。

受了眾人目光注意的快感（不論是好事或是壞事）。

當下冷處理，事後再一對一提醒。

將狀況放一放、等一等，讓自己準備好、想清楚，再來面對這個孩子，這時的處理必定更為成熟。

12 你不該聚焦於過去，而該注視於將來

當難纏的學生終於犯下大錯，你不該暗暗竊笑，摩拳擦掌地想「報復」學生長久以來對你身、心、靈的折磨。

你該壓抑住本能復仇的欲望，提醒自己的身分依舊是老師，而老師的責任依舊是教育。教育的核心不在於清算孩子的種種惡行，而在於努力扭轉這些行為，引他們走出過去的黑暗，迎接未來明光，從失敗中學習，尋找重來一次的可能性。

責備的價值

通常，學生在被責備之後，會出現紛雜的情緒：委屈、自責、憤恨、無感、惱怒、慚愧等；對一個敏銳的老師而言，孩子們的這些情緒都應該嘗試去看見，並思考接下來可以怎麼做，如何繼續陪他們走下去。

很多的責備都是罵完之後就沒事了，僅停留在宣洩情緒的階段。好的責備，需要有事後的追蹤，並在經過適宜的經驗整理之後，讓學生真的從其間有所學習。

因為**責備之後，才是真正教育的開始**。

有一次舉辦班級活動前，學生們狀況相當不佳。

我很沉重地對孩子們說：

「當你們糟蹋自己的能力、不尊重自己的身分、對生活憤世嫉俗、對未來找不到動力與方向、眼裡看不見團體卻只有自己時，我看不過去，所以我會罵人。

我不會怕傷害你們的感情，因為我不是來做你們朋友的，我是來當你們老師的。

當個好人很容易，要板起臉做壞人需要付出代價。我不做濫好人，我要做真好人；而這個真好人，是要驅動你成長，要你今天比昨天更好。」

好的責備，讓人促發反思、心生歉疚，進而建立自我價值，萌發改變的力量。而我，仍在學習的路上。

這些時候，我必須責備（下）

責備不是老師對學生大吼，不是嘲諷學生，更不是讓孩子難堪、出糗。

在一個洋溢著自由學風的學校裡，我學到帶領學生最重要的其中一件事，就是所有的自由都有其範圍。

在掙脫暴政之後，仍有秩序等待著建立；在脫離牢籠之後，仍有更寬廣、不同形式的框架。絕沒有純然跳脫界線之外的自由；若有，那也只是為所欲為的混亂。

拉出彼此認同的界線、找出彼此的限制，在現存的框架中發現極大化的揮灑舞台，是每個在追求讓孩子們自由、自主過程中之人需不斷面對熬練的挑戰；心理上、執行上皆是如此。

而在實際的班級課程操作中，**我常運用和學生「談約定」的方式來拉出界線，這個約定是彼此認同，也願意遵守的底線。**

我也常思考，當孩子願意遵守我所訂下的約定時，有三種可能：

1. 因為這是「約定」而遵守：不管是任何老師所立下的規矩，他都會遵守，因為他原本就是個會服從指令的孩子。

2. 因為這是「你」訂的規定而遵守：你已經贏得孩子的心，和他建立好關係，孩子想要挺你，因為他喜歡你。他遵守規矩，因為這是你訂的。

3. 因為這是你為「他」訂的規條而遵守：孩子知道你懂他，也打從心裡曉得，你知道他所欠缺的；他願意遵守，因為他曉得你愛他，且希望看見他的成長。

去明白孩子守約定（或不守約定）背後的思維，對教學真的有極大的幫助。

廚餘桶裡的海綿蛋糕

記得一年級學生開學不久，有一次，在上完一日辛苦的烘焙課之後，竟在打掃時間，發現廚餘桶堆滿了當天的產品海綿蛋糕。

我知道若錯過了這個時機，孩子也許永遠學不會一項生命中重要的功課。

我集合全班學生，從教室後方拎起廚餘桶放到講台上，逼大家注視這個刺眼、不宜人的畫面。

我一副撲克臉，簡單丟下一句話：「請問這些是誰丟的？」幾個人站了起來。

我接著詢問原因，「不好吃」、「吃不完」、「樣貌不佳」，他們這麼回答。

我驟然提高音量，厲聲責問他們：「因為這樣，就可以把食物丟掉嗎？」

他們嚇壞了，因為從未見過我如此生氣，慌得趕忙說：「我們現在立刻撿起來吃掉！」

我頓時莞爾：「你們真吃了的話，我明天就上新聞頭版了～」

氣氛一轉，我軟化下來，和他們經驗整理，詢問大家為什麼我會這麼生氣。孩子們熱烈的回應：「因為不該浪費資源」、「因為最近經濟不好」、「因為食物很珍貴」等等，也說家中從事餐飲業的爸媽會將剩食發揮巧思做成員工餐或分享給街友。

最後，我也分享自己的想法：「成為餐飲人的第一件事，就是尊重自己所做出來的食物，無論它味道或外觀如何。你所做出來的食物不是一個無生命的垃圾，那是你心血的勞力產出。你不尊重你的食物，未來吃你食物的人也不會尊重它，最後也沒有人會尊重你。」

升到二、三年級，在這些孩子們逐日接近自己餐飲的夢想時，他們每位仍記得一年級所發生的這段插曲。

責備的七個時機

經過幾年帶班的經驗，我觀察到幾個關於責備學生的時機點，或許是比較適合的：

1 第一時間、第一次犯錯的時候

第一次沒準時交作業、第一次口出惡言、第一次桀驁不馴……在邪惡初萌芽，剛探出頭張望的時候，在懶惰成為風氣，在放棄成為常態之前，你要在一開始就展現出不認同的態度。

因為遲到可以演變成性格靠不住的缺曠習性、輕蔑的話可以蔓延成謾罵羞辱的霸凌、亂丟垃圾可以嚴重成汙染生態的禍首。

成為餐飲人的第一件事，是尊重自己所做出來的食物……你不尊重你的食物，未來吃你食物的人也不會尊重它，最後也沒有人會尊重你。

2 打破信任關係，破壞約定

每次要帶一個新的班時，第一堂課，我都會說明我最在乎的事：約定。

對我而言，約定代表的是信任關係，是一條不可踰越的界線。

所以**我的學生答應我事情的時候都會想清楚：真的要答應我嗎？若他們答應了，我就必然會要求他們做到。**

所以當有人嘗試挑戰我的底線，測試我是否是個說話算話的人的時候，他們到頭來都會了解我是來真的。

3 對自己沒有期待的時候

我曾和學生說過，我最不喜歡看見的，是當有人縱任自己的能力與天賦被糟蹋。

有些孩子明明有潛力，但做事卻只用小聰明，取巧走捷徑，或找最省力的方式執行，放爛自己內在熠熠生輝的實力。甚至貶低自己，聲稱自己就只能做到這樣，擺出一副無所謂的姿態。

我一直記得一位老師曾經說過的話：「我不會降低我的標準，去迎合你的標準；是你們該提高你們的標準，來達到我的標準。」

4 對自己很有期待的時候

若一個小孩對自己沒有期待，他會被我責備；若他對自己很有期待，他還是會被我責備。因為我會要他堅持住他對自己的要求，絲毫不鬆懈。

若學生渴望擔任班長、組長，嘗試成為領導的角色，我都會事先告訴他們：「你們會被我要求最多、責備最多，也是做事最多的人。但同樣的，你們也會學習最多、成長最多。」

5 不尊重自己與別人的時候

我非常嚴肅看待尊重這件事，也常常繃緊神經，能敏感地察覺學生流露出的不尊重。我常覺得，你可以選擇喜歡或不喜歡一個人，但你無法選擇尊重或不尊重對方。

有一次帶學生到外校游泳，離開前，他們在操場遺留下瓶瓶罐罐的垃圾，那時我怒不可遏，用練合唱很久的嘹亮嗓子大聲責罵這一百多位學生，說他們不尊重別人的學校，也不尊重自己身為自己學校學生的身分。

6 老是抱怨、找藉口的時候

有些人從來都不覺得自己有錯，遲到的時候會說路上塞車，失敗的時候會說運氣太差，被討厭的時候會說別人沒雅量，一遇到挫折，嘴裡可以倒出滿坑滿谷的抱怨。

當我遇到這樣的學生時，我會先靜下來聽完他所有的藉口和抱怨，然後停頓三秒後，問他：「Now what? So what?」

是的，問題總是雙方甚至多方的，世界永遠是不公平的，每個人都想要捍衛自己，但既然問題已經存在了，你可以怎麼繼續向前？是抱怨，還是終止你內心橫衝直撞的野獸，想一想現在可以怎麼做？

7 跨越了道德底線時

在所有該責備的時刻，最無從妥協的，就是當孩子跨越了道德底線，還毫無察覺的時候。

當兩個人交出一模一樣的暑假作業時，這是剽竊、侵佔；當沒有打掃卻謊稱已經打掃時，這是無恥的欺騙；當語帶諷刺、奚落，刻意攻擊某人時，這是欺凌與優越心態。遇到這些時刻，我不會讓步，我會直指出問題的核仁，不客氣的責備他們。

即使有這七個應該責備的時機，但從來都沒有適合大吼的時機，沒有適合嘲諷孩子的場合，沒有適合讓孩子難堪、出糗的機會；這些行為，永遠都不適當，只會讓老師顯得不專業、方法用盡、能力不足。

老師的伶牙俐齒與展現小聰明的機會，絕不是拿來用在學生身上的。他們值得更好的對待。

罵與不罵之間

一次上課時，負責期末班級活動的同學自覺事情沒有做好，沒有做到向我承諾的事，難過地落下眼淚。

起初我沒多想，以為只是壓力大，但深入詢問他眼淚背後的意義，他說了令我驚訝的答案。

他覺得自己不夠好，但老師卻沒有責罵他，才因此流下感動的淚水。

但事實是，這位孩子始終盡心竭力，沒有一刻偷閒，全班同學都能為他背書。我鼻子一陣酸湧起，心想孩子這麼努力，如此在乎與我的約定，就為了達到我的要求，完成自己設定的目標。

當晚放學，我走到他身邊，拍拍他的肩膀，告訴他，我會珍惜做事最認真的人，也知道他已經盡了全力，因此才捨不得罵他。

有時候，甚至沒有責備，也是一種責備。

> 我在扮演黑臉的背後，往往有厚實的愛頂住。

老師該教，卻沒教的事

開始練習如何適宜地責備學生之後，我有時候會覺得，那個在台上對學生很凶、很嚴厲的老師並不是我，而是一隻披著狼皮的羊，在模仿凶惡的野狼吠叫的模樣：牙很利，但心很軟。

但為了學生能有所改變，我必須扮演我該扮演的角色，即使那代表我得扮黑臉，甚至惡名昭彰，我也甘心樂意。

因為在黑臉的背後，有厚實的愛頂住，帶著力量，引人折服。

從優秀教師們身上學到的八個堅持

有時候，能力最好、多才多藝、最完美主義的老師，不見得能成為最優秀的老師。因為他們的眼中容不下停滯，容不下學生的「不會」。

剛踏入教學生涯半年的我，是一位不善於堅持、軟趴趴、缺乏原則的菜鳥老師；然而，也終於跌跌撞撞地，度過了畢生教學的第一個學期。

我所在的校園學風自由，鼓勵順性發展，不用硬邦邦的校規隨處恫嚇學生，也沒有大過、小過、警告的威脅套在他們的脖子上，使孩子們活在懲罰的陰影之下。

我第一個帶到的班級，感情放得最深，卻也讓我的回憶裡充滿了初體驗的甜蜜和酸楚。

班級的名字，是中國朝代夏、商、周的「夏」班，而這個班級也果如其名，好動、狂野，「嚇」得我幾乎要從教育界開溜。

記得有一次，夏班的幾個孩子彼此看不順眼，直接在臉書上含沙射影地互罵、留言。發洩的情緒，像潑灑出去的臭水，把網路上的一掛人澆得渾身腥臭。

網路的戰爭蔓延到課堂上，他們分成兩大壁壘，趁著班會暴動對峙，幾個學生跳到桌上大吵，開起了一場混亂又失序的「班會」。

我無力招架，慌得如同察覺到危機的松鼠，從後門悄聲逃脫，奔回了辦公室找夥伴們求救。

一位粗獷、直性子的老師了解狀況後，二話不說，立即代我進班。

走進了仍狂躁未歇的班級，他做的第一件事，是和緩、平靜地向他們提出兩個問題：**「如果你是緯中老師，你現在的感受是如何？你會想對他說什麼話？」**然後發下一張紙，請孩子們寫下想法。

這樣一個簡單的問題，卻立即讓孩子們駛入了思緒漩渦，激發他們的同理心，也觸動了他們的溫柔。

往後的五分鐘，教室內只聽得見沙沙振筆的聲音。

透過了這疊學生們寫的內容，我回到班級與他們對話，不僅化解了學生衝突，也挽救了我瀕臨崩潰的教師旅程。

值得慶幸的，是我的身旁圍繞著**懂得堅持、強力與學生們拉界線的老師們**。

他們，就像訓練有素的拔河隊員們，按著節奏，有志氣地和頑強的孩子們拉扯。

沒有規矩，無以成方圓。因著這些優秀老師們拉出界線，我看見許多孩子因此而轉變，從這些夥伴們身上，我學到好多、好多……

1 堅持標準的高度

當老師降低了對高標準的追求，降低了心中那把尺，就降低自己的高度，讓孩子覺得學校的作業、要求、規定等只是個玩笑。到了最後，反讓自己成了孩子們口中的笑話。

當你心軟地對自己說：「算了」，決定放水讓學生混過這一次的時候，你真正傳達的意涵是：「我決定讓學生減少一次學習的機會。」

當然，**堅持高標準，也許代表與孩子之間，將有更多衝突、更多僵持、更長的工作時間**。然而，堅持所換來的，是豐碩的成果、尊敬的眼神，和用任何事物也換不來的成就感。

也許做法可以改變，但不能改變的，是你對孩子成長、學習的期待。

學生至終會明白，你的堅持，使他得以挑戰自我，不斷超越自己。

2 堅持不插手

有時候，能力最好、多才多藝、最完美主義的老師，不見得能成為最優秀的老師。

為什麼？因為他們的眼中容不下停滯，容不下學生的「不會」。

他們將「等待」看為「虛度」，把「放手」看為「放縱」；把「自主」視為「混亂」。

於是，他們揠苗助長，重視效率，追求結果，卻失去了體會過程中些微失序，甚至失控、混亂的樂趣。

當老師不忍心看見孩子們「不會」，**想把自己心中的「會」都說出來之時，是的，孩子能依樣畫葫蘆，有樣學樣，卻也少了自己摸索，自主學習的機會。**

甚至，當你自以為在現寶，不停地「教」的時候，孩子們可能根本不領情，根本不想學，覺得你心中的至寶是他們學習的煉獄。

優秀教師所該做的，是持續提供動力的養分，讓孩子從不想做到想做，從不會做到會做；前提是，一切都需出於他們的自發。

3 堅持愛要有原則

教育不是慈善事業，雖然身為老師很難不受到愛的教育的「引誘」。

老師的愛，如果是**鬆軟的愛**，那個愛無法支撐孩子，只能讓他覺得感覺窩心、甜美，躺臥於疲軟的棉花糖夢中。

優秀教師對孩子的愛，則是**堅冷的愛。愛裡，拉出原則；愛中，隱含期望。**

這樣的愛，是溫柔而堅定的，是不畏險阻地堅持讓孩子能長出力量，長出面對各種人、事、物的勇氣。

4 堅持對每位孩子獨特性的重視

孩子們不是工廠大量生產的罐頭，每個孩子都有紋路、肌理，你要先讀出他們的特質，不以同一套標準來限制每一個生命，才能慢慢摸索出陪伴他們最適切的路。

一個孩子的成功模式，不能完全移植到另一個；畢竟，每位孩子都是獨一無二的。所以，**沒有一個方法是永遠奏效的**，沒有一體適用的錦囊妙計，也沒有具神奇療效的百憂解。

優秀老師能做的，是不斷地嘗試，直到在這一位獨特的孩子身上，找到一個你與他互動的平衡點，讓孩子覺得你懂他，才能讓他走出自己的路。

一個老師必須讓孩子覺得你懂他，才可能讓孩子走出自己的路。

5 堅持站在學生角度的用心

站在自己的視框來決定事情，總是比較省力的；但對老師而言，這只是懶惰的藉口。

有的老師急於改變孩子，這使得他們做了許多吃力不討好的工作。兜了一大圈，照自己對孩子們的想像為他們規劃了一切，卻完全無法領會孩子們的心情。

其實，最快能夠改變的，永遠是自己。

當老師率先改變，以學生們的心為心，站在孩子們的位置觀看時，就不用繼續試圖改變學生了；你會發現，他們已經因為你的改變而改變了。

因為，孩子們知道你在乎他們，他們也因而在乎你。

6 堅持在不知道如何陪伴的時候，繼續陪伴

有時候，某些學生真的與你不契合，不是你的「菜」。

和他們在一起時，你不知怎麼，就是找不到話題、聊不出火花。

此時，轉身拂袖而去是最笨的做法。

交朋友，是選擇和自己性情、話題投機的；教學生，是讓自己不做選擇地去陪伴。

老師若只能陪伴習慣陪伴的對象，那代表離優秀教師的方向仍有一大段路要走。

若能走出舒適圈，花時間投入那些看似自己得吃力陪伴的孩子們身上，不論結果如何，

至少對自己而言，就是一個極大的成長。

至終，那些看見你笨拙、費力陪伴他們的孩子，也必會因著你的鍥而不捨，不離不棄而動容。

一個好老師，是堅持在不知道如何陪伴孩子的時候，繼續陪伴。

7 堅持為孩子爭取最好的執著

為孩子爭取最好的學習機會、最好的參與機會、最好的表現機會；所謂最好，是對孩子們而言的最適宜。

身為老師，我們必須常提醒自己回到初衷，無論別人怎麼做，我們都必須關注於對學生們最有益處的事。

老師的眼光，通常會比孩子們還高；因為站的角度不同，自然看到的事也多、更深入、更有遠見。

所以，優秀教師的責任是，為孩子們看見他們所看不見的機會，且費心為孩子們尋找機會。

畢竟，老師不是只幫孩子們準備下一個測驗、又一個期中期末考，或另一個升學準備；更重要的，是為學生打開一扇通往未來的門，讓他們在邁入險惡的社會之前，做好心理與能力的準備。

8 堅持運用正向語言的決心

當孩子上課愛說話的時候，你可以說他需要加強專注度；當孩子不願參與課程的時候，你可以說他需要找到學習的動力；當孩子滿嘴髒話的時候，你可以說他需要加強釋放情緒的技巧。

小心你的負向語言，因為負向的能量會吸引負向的，反之亦然。不要用諷刺、挖苦，甚至狠毒的話傷害了孩子們的心；**言語造成的衝擊，比你想像的還深。一次的負面記憶，需好多次的正面記憶才能平復。**很有可能在你的記憶消退，渾然忘卻的時候，某個事件仍成為孩子永恆的正向／負向記憶。

每一天，這八個堅持都交替著在我的身邊發生；從這群優秀的教師團隊（註）身上，我有挖掘不完的教學理念、技巧和態度。

遇見你們，是我的幸福。你們的堅持，讓我也開始學習堅持，也漸漸嘗到堅持後的美果。

至終，孩子們不僅看見老師們所訂的規矩，也了解老師在看似規矩嚴謹、不通人情的背後，那份殷殷切盼的愛。

後記：

有一次，老婆意外來探班，正撞見了被孩子們折磨不堪的我。

心疼的她，特地手繪了一張小素描，上頭的我，氣勢凌人、目光堅定，角落有兩個英文單字「Be Tough」（要堅強）。

如今，這張小圖仍安置在我的半月紅桌燈上，不住地提醒心軟、常受人欺的我：「別害怕，對學生只管硬起來！」

老師該教，卻沒教的事

註：

開平餐飲學校第一線帶學生的教師團隊有個獨特的名稱：「學群老師」。帶一年級的老師們叫做「新鮮學群」，帶二、三年級的則稱為「成熟學群」。「學群老師」不只是一個新穎的噱頭，它背後至少有三層含意：

1 一起陪伴「學」生的「群」體

在約有四百位學生組成的一個年級中，共有由十多位老師所組成的學群老師，共同陪伴孩子們。每個老師都不是單打獨鬥地面對學生，我們彼此分享在不同的課堂、校園的不同角落所觀察到學生的樣貌，研討可以如何用不同的面向或策略陪伴學生，這種多角度的共同陪伴讓學生很有力量，也讓老師們很有力量。

2 一個「學」習與「群」體合作的場域

學群老師講求團隊合作，而進入學群我才發現，我是個多麼不會跟人合作的人。因為這裡與夥伴們的關係緊密，常有多重任務、轉速快的活動層層交疊。透過一次次的發生，無論好的、不好的，我慢慢可以接受現況，漸漸認清自己的缺陷、限制和亮點，帶著願意，學習和大家合作。

3 共同「學」習的「群」體

這三年在不同的學群和不同的團隊合作，不管經過什麼——很緊湊的活動、很暴烈的情緒、很透明的爭執、很感性的分享、很開懷的笑鬧——大家都在一起，彼此提醒、共同成長，每次對我都有很多的學習。

> 老師不是只幫孩子們準備下一個測驗、又一個期中期末考，或另一個升學準備；更重要的，是為學生打開一扇通往未來的門，讓他們在邁入險惡的社會之前，做好心理與能力的準備。

你們與我的生命故事

他走到桌前，挑了一個放了一堆雜物的罐子，開口說的第一句話就震撼我們的心。「從國小以來，我沒有任何朋友，也從來沒有在人群面前說過話。因為每次只要我開口，就有人開始嘲笑我……」

十五、六歲的孩子，是生命中最多故事，卻也最不情願和人分享故事的階段；十五、六歲的孩子所壓抑的苦悶和寂寞、喜笑與歡悅，最需要被傾聽，卻也最少人願意傾聽……

十五、六歲的孩子，是我正在陪伴的孩子。

在我眼中，他們不是點名單上的座號，或成績單上的分數，而是一個個寫實鮮活的故事。

三十三歲才開始當老師的我，一開始面對他們，我承認我毫無頭緒。第一次進班，台下學生眼神呆滯，絲毫不理會我的聲嘶力竭。任憑我使出渾身解數講課，也敵不過他們手中小小的螢幕的吸引力。

直到我慢慢找到和他們開啟對話的施力點……

我發現，**當我願意和學生分享自己的故事時，一種稱為「信任」的東西就微妙地產生了。**

這似乎給了孩子一個暗示，表示老師願意放下身段，讓他以青嫩的眼摸索你過去的喜怒哀懼，觸碰你心中敏感的區域。

相對的，當學生願意和我分享故事時，我意識到，一種叫做「責任」的東西也開始蔓延。

因為這故事將永遠埋在我的毛細孔裡，我將責無旁貸，因為他邀請我進入自己的故事，讓這個故事也許有不同的走向，也將成為我無法卸下的掛心和牽繫。

聽，大家說故事

一年級上學期才開學，在大家都不熟悉，剛踏入校園的時候，**我在班級裡進行了一個「我是一個罐子」的課程。**

老師該教，卻沒教的事

在大桌上，我隨意放了八個玻璃罐子，罐子裡各裝了不同的東西，看似亂無章法。

有的裝著一束捆著的信紙，有的裝了拿著玩具槍枝的公仔，有的裝了少了一隻左耳的梵谷娃娃，也有的只是一個純粹的空瓶……

在幾分鐘安靜地讓孩子們端詳這些擺放在桌面上的罐子後，我選擇了一個裡面裝著梵谷娃娃的罐子代表自己，藉此分享在讀研究所時，因為感情的選擇，和父親之間曾經的尷尬與衝突，就如同卡在罐子裡身不由己的梵谷。

然後，我問大家：「十五、六

歲的你們，生命雖然才開始不久，但也一定裝了不少東西。如果你是一個罐子，你的罐子裡裝了些什麼？你會是桌上的哪一個罐子呢？」我請他們選一個罐子，說一個故事。

聽完我的故事，我看出很多孩子們都被觸動，眼中閃著渴望分享的光芒。

但也就像典型的台灣學生一樣，他們的眼神彼此試探，期待有人打頭陣，自己再相繼追隨。

我沒有催促，以柔和的目光觀察大家。

幾分鐘後，一個在我意料之外的男孩站了起來。

白皙臉龐上徬徨的黑眼特別顯眼，他雙腳還在微微搖顫，看得出來下了很大的決心。

他走到桌前，挑了一個放了一堆雜物的罐子，開口說的第一句話就震撼我們的心。

「從國小以來，我沒有任何朋友，也從來沒有在人群面前說過話。因為每次只要我開口，就有人開始嘲笑我。」

從他講話不停卡詞，語句斷裂缺乏邏輯來看，看得出來他是多麼辛苦地擠出一字一句，費力拼湊出有意義的語言。

他說，自己個子不高，個性害羞內向，內心常雜亂無章，就像罐子裡的東西被胡亂塞在裡面，無法清楚表達，說出來別人也不容易聽得懂。

久而久之他就愈來愈不喜歡說話，很多想法因此被困在心裡。但是來到這個新的班級，他決定要變得和以前不一樣，這是他無論如何也要站起來的原因。

男孩的故事有如骨牌效應，接下來的幾個小時，在聆聽眾人故事的過程中，有許多歡笑，因為聽見了一些過往的趣事、和女友之間的爆笑故事；也有許多眼淚，因為聽見了被霸凌的不堪、父母之間的戰爭。

在眾多故事如海浪的拍盪中，我們之間的界線逐漸溶解。

重寫生命故事

課程的最後，我和孩子們說：

「不久前，我們都還是陌生人，還在彼此試探，彼此認識，逐漸熟悉。但經過了今天的課程，讓我覺得凝結人和人之間關係最強的快速三秒膠有三個：

第一個是歡笑。歡笑消緩了我們緊繃的神經，令我們放鬆。

第二個是眼淚。千萬不要為了流淚而道歉，眼淚並不可恥，可恥的是那些輕看眼淚的人。

第三個是故事。故事有種強大的力量，能讓不熟悉的人快速變得親近；因為故事，我們對彼此產生了同理心。聽見別人的故事，我們覺得自己也懂了對方；說出了自己的故事，讓我們覺得自己被珍惜，被懂得。

聽見了從小被嘲笑講話的方式，且沒有朋友的人，我們不會再像他國中同學那樣嘲笑他了；聽見了從國中開始企圖改變，開啟新生命，卻被排擠，嘲弄，我們就不再會因為外觀而歧視她；聽見破碎家庭的故事，讓我們難受，我們也知道要說出來需要多大的勇氣。

每個故事都是珍貴的。沒有好的故事，也沒有壞的故事，因為故事和故事之間是不能比較的。如果有標準，我只能說，真實發生在你身上的就是個好故事，而捏造出來的就是個壞故事。」

那一堂課，直到現今想起，我還會深深感動。

在這堂課之後，這位害羞的男孩在班上的每一步，就像是在月球漫步，都是從未有過，嶄新的經驗。

> 故事有種強大的力量，能讓不熟悉的人快速變得親近。

他不斷爭取說話和擔任幹部的機會，個性愈來愈開朗，也逐漸交到朋友。

到了期中，在一個班級簡報競賽中，他第一個說要成為代表班上的成員，賽前一週，他每天都和隊友苦練講稿。

比賽當天，他竭力地放開自己僵硬的肢體，放膽展現，雖然有幾段脫稿演出，把同組的同學嚇得捏了一把冷汗，卻成為整個簡報中最幽默的一個亮點，吸引全場目光。

期末分班前，班上每個同學都來鼓勵他，「說話要再大聲點喔！」「加油，克服自己的恐懼，你可以的！」「對自己要更有信心一點！」

我則對他說：「記住這種滋味，堅持這種勇氣，你永遠都可以重寫自己的生命故事。」

說個人切身的故事

我，喜歡說故事，喜歡分享我成長中的困頓與歡愉、荒謬與卑屈、成就與感觸。

- 當和學生聊到成長的苦澀時，我會說那個霸凌的陰影在我心中成形的過程。
- 談到家庭時，我會說到和父親之間交織難解的父子情。
- 說到愛情，我會說到和太太之間轟轟烈烈，棄天背義的感情。
- 說到學業，我會說到我曾經的迷惘與空虛，在教科書中失去意義的心情。
- 說到交友，我會說起那段高中狂飆學壞的年歲。

- 說到人生的選擇，我會承認我的無知與遲鈍，那好多段失敗的工作。
- 說到創業與夢想，我會搬出太太的開店始末，讓孩子們參與我們的創業之路。

我，喜歡說故事，因為看見了這群可愛的學生，我也會想起那些無法忘卻的「曾經」：

- 曾暗戀女生很久，最後被拒絕的慘樣。
- 曾和一群朋友四處鬼混，偷竊打架群聚的瘋樣。
- 曾和父母爭吵不休，彼此對立、冷戰的窘樣。
- 曾和老師嗆聲，每講三句話總需要有一句三字經助興的模樣。
- 曾被當、被歧視、被二一退學悲劇般的落寞樣。

講起道理，孩子們的眼神會漸漸渙散，心思在荒蕪中飄移；

在我辦公室的座位旁，特地擺了一張摺疊小凳子，我稱為那是專屬於我和學生的「故事時間」。

說到故事，他們的眼睛回過神來，像撞見黑夜的貓。

就像小說家卡夫卡（Franz Kafka）曾說的：「一個好的故事像一把斧頭，敲破我們心中那片冰封的海洋。」

在我說到個人切身故事時，有一種情感的內涵在其中，往往能打動他們，因為畢竟心靈是不分年紀的，故事也能輕易穿越年代。

創造屬於我和學生們的「故事時間」

我，也喜歡聽故事，不管是哪一種故事，都讓我傾倒、沉醉，值得我傾耳細細聆聽，重新咀嚼成長的豐美滋味。

在我辦公室的座位旁，特地擺了一張摺疊小凳子，我稱為那是專屬於我和學生的「故事時間」。

有一個學生，常不聲不響走到我的身旁坐下。每次來，固定都是說到令她揪心的男友，他們之間複雜、地位不平等的愛情。說起男生和朋友們稱兄道弟，對自己卻無感冷淡。她說不喜歡依賴感太重的自己，怕自己成了只能纏著人不放的寄生蟲。最近她告訴我他們分手了，臉上掛著自信。

有一個好強的男生，和我聊天時，常分享自己在國小、國中是老師的頭痛人物，他承諾來到新學校會改變。然而才過三個月，他就犯了幾乎要被退學的問題。我對他說，你絕對不會成為我的頭痛人物，也陪伴他找到力量、找到方法回到學校。

有一個女生，說起國中曾被欺負、排擠，因此養成把自己縮起來，不願意面對人的習慣。到了高中她渴望改變，雖然面對人群仍有恐慌感，但仍不斷逼自己要出來爭取機會擔任領導角色。雖然矛盾感依舊存在，但直到今天，她仍沒有停止面對自己的恐懼。

有個學生在深談中，向我說了自己的祕密，眼淚流了又流，我看著她，充滿憐愛。她覺得沒有人能幫她，覺得父母不愛她，甚至也叫我不要管她，賭氣地告訴我說：「老師，這不是你的責任。」我說，不，當妳告訴我的那一刻起，就是我的責

聽故事、說故事，不會讓孩子們的成績更好，但卻能穩定他們的學習狀況，讓孩子們覺得自己被理解，讓他們內心的跳動被聽見。

任了，我會把妳扛在肩上，妳的祕密就成了我的祕密，我會陪妳一起走過、一起討論，並追蹤所有的後續經過……

聽完學生的故事之後，我總會謝謝他們的勇氣，願意敞開心，邀請我進入這些動人的故事中。而我在不知不覺間，也成了這些苦澀、笑鬧、多彩故事的一部分。用我微小的故事，換來學生們真情流露的故事，我覺得很值得。

聽故事、說故事，不會讓孩子們的成績更好，但卻能穩定他們的學習狀況，讓孩子們覺得自己被理解，內心的跳動被聽見，也能建立起師生之間的默契與信任。

是的，聽故事很辛苦，說故事很辛苦，但當我發現故事所帶來的效力和意義，在學生和我彼此心底激起迴盪的漣漪，產生連結、創造感動，並對他們帶來真實的陪伴後，就很難放下這個習慣了。

凝聚團隊的故事力

女孩補習完經過馬路時，被酒駕無照的年輕人撞倒，當場離世，深愛女孩的他從此一蹶不振……

一場說故事大會

這學期，為了讓二年級的學生迎接校外實習的面試，我規劃了一個自我行銷課程，主題簡單明瞭：「說出自己的故事」。

學生們必須用八張圖片，按照自己的方式編排順序，以圖說的方式說出自己生命中最難忘的故事。

四十位學生就像藝術家，雕琢看起來平凡無奇的大理石，削去較無關緊要的瑣碎，留存有意義的人生片段，使樸拙的石塊出現形貌，成為自己獨一無二的藝術品。

當每位孩子都願意面對生命中一段深刻的覺知時，他們已超越了僅僅應付一份作業的心態，而能將內在的自我裸裎在這個團體間，分享心中的恐懼、羞愧、欣喜與哀傷。

我發現，只要好好準備，每一位孩子都是天生的說書人。

其實，**個人的故事不需要太多技巧的包裝，需要的僅僅是真情流露。**

只要恰當的呈現，任何人的故事都值得全世界傾耳聆聽。

好故事的「公式」

在說故事大會課程開始之前，我先播放了TED-Ed的影片《構成英雄的條件》（What makes a hero?），說明了何謂故事的公式。

這支短片的原始概念來自於我相當熱愛的神話學大師坎貝爾（Joseph Campbell, 1904-87）的經典大作《千面英雄》，認為所有的神話故事都依循著一套公式：英雄可以有千百個不同的名字，無論他們名為阿基里斯、岳飛，或灰姑娘，他們故事中都有著相同的元素，他們的旅程都有著同樣的架構。

- 首先，是英雄的**啟程**，從一個平凡、日復一日的呆板中出發，迎向生命的一場冒險，一個神祕的召喚，延伸出無論壯闊或小巧的面貌。

- 在這個未知的冒險中，有試煉、黑暗、衝突、誘惑，英雄會遇見生命中頹喪的**低潮**。
- 但是，經歷了幾次跌宕起伏，撞見了危機、突破了困境、獲得了貴人一次錦囊般的引導，英雄終究會**戰勝**難關，以勇氣與智慧解決困難，贏得獎賞與榮耀。
- 接著，他將開啟一段**新的人生**，看起來雖然平凡如初，卻因為這段深刻的經驗，使得他能在樸實中，找到與以往再也不同的新視野，並就此展開新生活。

看完了影片，孩子們的眼睛都亮了起來。

從他們寧靜、沉思的表情來看，我知道他們都在翻找自己生命歷程中的記憶，為自己存放已久、帶著些許霉味的斑駁故事賦予新貌，有的甚至還想起了曾經被自己遺忘的故事。

故事的力量

隔週，教室裡關起了大燈，我們坐在黑暗中，窩在一盞小燈前，目光投向前方同學製作

> 只要好好準備，每一位孩子都是天生的說書人。

老師該教，卻沒教的事

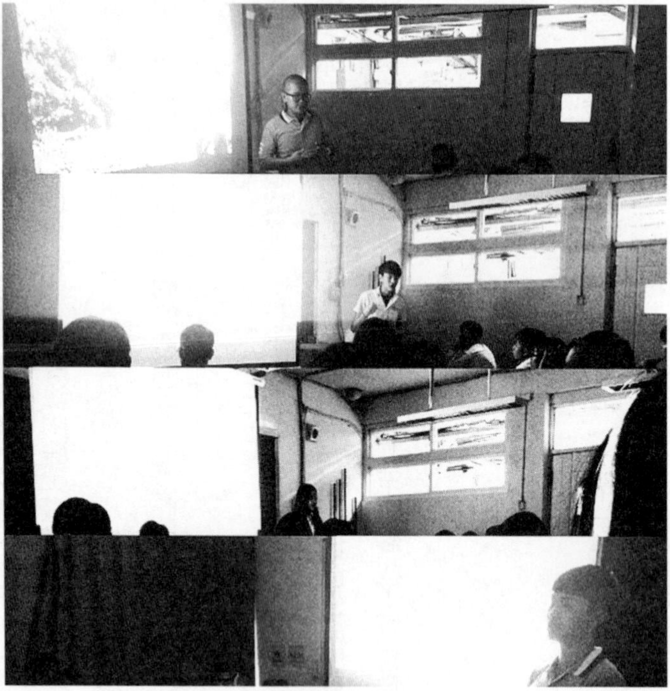

的個人故事投影片。

從燈座中裊裊吹出的香氣，我依稀感覺回到了遠古，眾人在石壁旁圍著營火，彼此分享與野獸搏擊、和敵族爭鬥的生存法則，從他人的故事中，吸取經驗與啟示。

雖然每個故事都是獨一的，但其中有幾個格外特殊，在我心中留下了原子彈級、無法磨滅的撼動。

我也在當場所有的學生眼中，看見了**因故事而相互共鳴的魔力**。

一個孩子說，原本從小照父母的期望，以電腦工程師為志向，迷迷糊糊地讀書，直到國中一個乾爽的冷冬，在圖書館裡遇到了那個女孩，

女孩有著公主般黑長的直髮，默默坐在圖書館角落；在他認真算著數學題時，女孩悄悄靠近，突然冒出一句話：「看你在算數學的樣子好像很厲害，問你喔，a(x+y)　+6(x+y)等於多少呢？」

對他來說這根本是不屑一顧的題目，但受不了女孩如森林間小獸疑惑探視的眼神，他一題又一題解釋，直到窗外的太陽黯淡沉落。

就像一般的戀愛故事，他去了女孩家裡開的日式定食店，女孩請他吃自己最愛的豬排飯，他們從笨拙的話題開始，然後逐漸無所不聊：談心、話夢想、陷入愛。

幾個月後，女孩補習完經過馬路時，被酒駕無照的年輕人撞倒，當場離世，他也從此一蹶不振，也發現幸福與絕望的距離竟是如此靠近。

在家中關了幾個月後，一天輔導老師來到房間，聊起了女孩，他的情感像乾涸的井忽地冒出湧泉，莫名地滿臉是淚。

他想起來了，女孩曾說，她的夢想是成為能帶給人心中烘暖的廚師。於是，**他決定以女孩的夢想為力量，以愛為名，走向餐飲的夢，這也是他來到這所學校的原因。**

除了這個交織著美與失落的故事外，還有人說到人生首次打工的經驗。因工作仍不上手，在一片混亂中遭主管責備，卻受到同事暖心的陪伴，重新建立信心，能繼續擁抱不安，並期待自己成為能帶給新人溫暖的角色。

也有人說，從小懷抱運動的夢想，國中在籃球與體能項目囊括各種獎項，卻得知自己髖骨位置移位的噩耗，手術後註定無法朝運動發展，在頹廢與絕望中，在餐飲中找到希望，重新站起。

另一位孩子則分享自己從純粹的聽饒舌歌曲，意外接觸到國外饒舌樂團抒發關懷社會的歌詞，並Google到民權鬥士金恩博士的演說，因此開始關注社會議題，進而鍛鍊獨立思考的能力。

因著述說，孩子們對這一位又一位站在他們面前，原本以為熟悉的同學們的故事感到詫異無比，因為他們從未看見彼此的這一面，從未看過同學在人生此時的切面底下，如此豐富、層巒交錯的故事脈絡。

不可避免的，在聆聽故事的同時，我們會隨著述說者的步伐，走進他的生命，用他的角度看事情，感受他的悲苦歡欣，因他的感動而感動，因他的滿足而快活。

四十個人的故事又編織進入彼此的故事裡，匯聚成一個交融眼淚與笑靨的巨大故事球，我們因為故事而凝聚，在故事裡我們聽見了生命的跫音，也增長了許多智慧。

從史詩般的內心探索、曲折的愛情故事、動容的親情糾結、黑暗的職場歷程、搞笑的學校趣事、勵志的抉擇與冒險、面對疾病時的恐懼、遭人厭棄時的孤單、溫馨動人的小品、一路聽到對社會的深沉省思；**每個故事都是挖掘自我**，都是看見希望。

我從這群孩子們身上，看見了一個小時代的脈動，與超越年齡的早熟。

在說完故事之後……

故事總有說完的時候，課堂的結尾，我和孩子們分享：

「謝謝你們的願意，讓我們在小小的教室裡，超越了時間與空間的束縛，遨遊在眾人的生命脈絡裡。

> 我謝謝說完故事的孩子們，因為每個故事都是椎心刺骨的熬練過程，或不為人知的祕密，說出這些，需要很大的勇氣。

每個故事都曾是椎心刺骨的熬練過程，或不為人知的祕密，而現在我們能心平氣和的分享，這需要很大的勇敢，表示我們已經走過，且能淡然面對，我為你們感到驕傲。

所以，請尊重每個被分享出來的故事，而這些故事也需經過當事人的允許，才能轉述分享。

而我，無法為這些故事評分，因為每個故事都是人生的萃取物；我無法批評故事，就像我無法批評人生。」

在這之後，他們平時除了像以往持續打鬧、說笑之外，還會增添了些什麼說不出來的內隱微光，讓他們彼此之間多了份關懷、支持與尊重，使他們不僅是同學，更是一個班級；不僅是班級，更是生命共同體，延展出一個又一個為自己與彼此而創造的故事。

聆聽沉默的聲音

我見到孩子的媽媽咬住唇，綳緊舌頭的面容，好像就要開口逼孩子說話，就像家中不斷重複的模式：家長厲聲，孩子噤聲。

於是我以手勢向母親示意，請她耐著性子，再給孩子一點時間。

從小到大，我們都不習慣沉默。

群體中偶然沉默的時候，在場的人通常會感到尷尬、不自在，就好像剛烤出的布朗尼蛋糕上停留的一隻蒼蠅，總覺得似乎得快有人打破這種「僵局」，讓話題繼續下去。

老師該教，卻沒教的事

一堂沉默的課

每次班級中一有沉默出現，都會看見有幾個蠢蠢欲動的學生，扭動著身體試圖破壞這讓他不適的寂靜。

人們太習慣聲音的存在了，音樂、電玩、言談、電視等無孔不入地使耳朵淪陷，除了睡眠，難得有一小段寧靜、空白的世界。

但在我的教室裡，沉默本身就是課程。

有一次，班級內部出了一些問題，學生彼此產生誤會，原本的好友，轉而彼此陷害。班級即將被撕裂，但卻沒有人願意正面談及這事，而是私下用傳言、八卦、誇大的言詞一再渲染彼此的誤會，小團體愈來愈鞏固，對立愈來愈明顯。以至於全班失去學習動力，彼此也失去信任。

在我意識到嚴重性之後，隔天上午的課程我臨時做了調整。

儘管哀鴻遍野，我仍宣布收起每個人的手機，阻斷可能的干擾，並請大家圍繞著圓圈坐下。

我在圓圈中央，慢慢地與一個個孩子眼光交會，讓他們靜下心來，兩分鐘過去，等到沒有一絲聲響後，我才開口。

我和孩子們說，我知道最近發生了一些事，讓班級內部出現了問題，許多人因此感到氣餒沮喪，我想用這堂課的時間，讓大家有機會彼此對話。

我接著說，這是屬於你們的時間，你們可以決定要怎麼使用，若沒有要說話的，就保持安靜、清醒。

然後，我不再說話。

三分鐘的靜默，彷彿過了一世紀。

我微微出神，想起了當年在憲兵司令部門口執勤站哨時也是同樣難熬。

沉默，就像挨餓一樣，一開始總是最難以忍受。

我繼續、繼續等待。

在逐漸遺忘了時間的座標時，許多人都帶著微醺的恍惚。然後，終於有人開口了，而一說話，就怎麼也停不下來。

有人開始說明事情原委，也有人從另一個角度說他所看見的原委，還有人說了第三個角度的版本。

有人哭、有人笑，有人被感動，有人被療癒，有人道歉，也有人赦免。

> 重點不是沉默，而是沉默後的聲音。

我有時候覺得，沉默就像隧道，聲音就像隧道口的光。你希望光有多令人驚奇，隧道就得有多深邃；同樣，你希望聲音有多珍貴，沉默就得多長久。重點不是沉默，而是沉默後的聲音。寂靜是醞釀交響詩的序曲，是讓聲音更有力量的元素。

沉默的力量

沉默的時間是一塊聖地，你得脱下鞋子，踮起腳尖小心地踩下每一步。

有個家長與學生對峙的情景，每次回想，都讓我重新體會到沉默的力量。

兒子在學校闖了大禍，一個小時後，媽媽進了教師辦公室。

擠出來的微笑藏不住混亂的心情，她緩緩地坐在兒子的對面，而我則在一旁陪伴。

話題從這次事件的表層開始，慢慢追溯到核心：男孩心底積蓄的憤懣，那個久久化不開、親子間糾纏的結。

這時，孩子停下了言語，用不止的眼淚來代替。

噙著淚水，他拒絕使用母親遞過來的面紙，堅持只用自己口袋裡皺巴巴的面紙拭淚，彷彿他的自尊繫於使用誰的面紙。

他在思考該如何開口，他的每個細胞都在思考。

用所有的思緒去尋找適合的語言，讓瘋狂亂竄的思考轉變成字詞，讓斷殘破碎的字詞組織成句子，讓句子找到勇氣迸出口中。

於是，我化身為臥伏在森林間的攝影師，用等待一個珍貴鏡頭般的心情，屏息凝望著他，不催促、不驚擾，僅僅等待。

沉默的張力是如此的強大，如同水斟滿在杯緣、氣球綳緊於破裂邊緣，隨時會溢出、脹裂。

若忍耐不住性急，多嘴催促一些，他那個願意說話的動力就被抹煞。

在發聲之前，孩子沒有說話，然而他每一個表情、動作、呼吸都在說話，都在醞釀說話的能量。

我見到媽媽咬住唇，綳緊舌頭的面容，好像就要開口逼孩子說話，就像家中不斷重複的模式：家長厲聲，孩子噤聲。

然而，我畏懼破壞那個平衡，於是我以手勢向母親示意，請她耐著性子，再給孩子一點時間。

我想，在這幾年成長的歷程裡，今天孩子所說的每一句話，都早已在他心裡的空谷迴盪過千百遍。

這時，我扮演起第一時間抵達犯罪現場警察的角色，拉起一道封鎖線，不讓任何人破壞，竭力保護現場的完整。

在沉默的張力脹滿到極致時，他終於開口了，緩緩說出他從國小以來就積鬱的氣憤，說出他多麼渴望能和家人對話，也多麼希望被理解、被關愛。

此時，落淚的不再只是孩子，媽媽與我也一同在旁靜靜拭淚。

我猜，在這幾年成長的歷程裡，今天所說的每一句話都早已在他心裡的空谷迴盪過千百遍；我懷疑，這些久經壓抑的聲音，今日若不靜候等待，有沒有機會被聽見，親子的關係有沒有可能改變。

察覺身旁的沉默

沉默是聲音與聲音之間的休止符。

沒有兩種沉默是完全相同的。有的沉默帶著蠢蠢欲動的能量，有的沉默示意著冰寒的拒絕，有的沉默帶著彼此不信任的陰影，有的沉默是一種安心的享受，有的沉默卻是互相指控的死亡。

因此，下次出現沉默時，要去感受這個沉默是什麼，並靜心等待；勒住你的自以為是，停下自己原有的定見，拋開自己的本位；接著，去凝望身旁發生的事情，並觀察事物原本該有的樣子。

去察覺沉默，去咀嚼、發現它，去理解這是哪一種型態的沉默；然後如果需要的話，找個適當的時機，讓適當的人去打破這個沉默。

令學生聞之色變的老師

有一次，午睡抬起頭來，不小心被這位老師瞄到，就被他掐住耳鬢，拉到我踮起腳尖求饒才放手。

到現在，我都還記得自己被扯下的一撮鬢毛留在他手上的模樣。

我們都尊重老師，拜至聖先師所賜，中國人尊師重道的悠久傳統根深柢固。

然而，捫心自問，我們也都曾遇見過一些讓我們很無言、很不認同、很不願回想到的老師，甚至嚴重的，會令我們成長歷程蒙上一層汙濁的陰影……

度過了一段假期，開學的第一天，我和新班級分享自己成長時心中所懼怕、不喜歡的老師。

我開始認真回想，若自己是高中生，我不喜歡什麼樣的老師。

這六個令學生敬而遠之的老師特質，整理自我個人的經驗與課堂中與孩子們腦力激盪的結果：

1 缺少感情

也許這些老師對教育的熱忱，遺忘在記憶中的某處。

當這種老師出現在學生面前時，他們準備好要傳授書本上的內容，卻沒有準備好用生命來陪伴孩子。

他們的感情冰冷木訥，他們的愛心不形於色。也許他們是教導知識出色的老師，但當提到孩子的生活點滴、心情故事時，他們提不起興趣。

我很肯定，在孩子們充滿情感的青春回憶記事本裡面，對這些老師將不會有絲毫記載。

2 喜怒無常、捉摸不定

有些老師讓學生完全摸不著頭緒。

當他們開心的時候，能跟學生一起人來瘋，但當他們生氣時，卻讓孩子們聞風喪膽。重點是，孩子們不知道什麼時候會踩到他們的底線，只能戰戰兢兢，祈禱著地雷不會有爆炸的一天。

小學時，我就曾經遇過這樣的老師。當他心情好的時候，作業沒交、課本沒帶都萬事ＯＫ；但當他不開心時，有一次我忘了帶作業，他先衝著我詭異微笑，然後趁我卸下心防的時候，猛然賞我幾記耳光。

3施行「恐怖統治」

高中時，遇過一位老師，幾乎沒有學生見過他的笑容。他的眼睛像無所不在的監視器，讓學生的小動作全都無所遁形。任何學生容易「觸犯」的事（遲到、沒帶課本等），整堂課都會被他罰在講台旁排成一排「停車」（雙手雙腳撐著身體，手肘膝蓋不能碰地），累極曲腳還會被教鞭無情地抽打。有一次，午睡抬起頭來，不小心被這位老師瞄到，就被他掐住耳鬢，拉到我踮起腳尖求饒才放手。

到現在，我都還記得自己被扯下的一撮鬢毛留在他手上的模樣。

嚴格，也許本來是一種教學的策略，但到了最後，卻變成了老師自己的緊箍咒。

當再也跳脫不出嚴格的形象時，老師就只能非自願地長年扮演嚴厲的角色。

課堂不該是監牢，但這些老師上課起來，卻很有牢獄的味道。

他們精心布局，設下一堆莫名其妙的重重限制，孩子們上課像跳房子一樣，動不動就因踩線而被警告甚而處罰，班上氣氛壓迫得令人喘不過氣來。

對學生而言，這些老師的嚴格沒有道理。

在和學生聊過之後，他們說，其實並不會害怕嚴格的老師，因為嚴格能幫助他們成長。學生所懼怕的，是不說明原因（或說不出原因），一路嚴格到底的老師。

4 上課太悶、太無趣

很抱歉的，經過一段努力回溯的時間，我得承認，有一大堆老師被我完全遺忘。

> 孩子們並不會害怕嚴格的老師，孩子們所懼怕的，是不說明原因（或說不出原因），一路嚴格到底的老師。

可能他們很認真、很辛苦地備課，但上課太悶、太無趣，經常照本宣科、朗讀課文，課程千篇一律，以致在我的腦海中，搜尋不到他們的蹤影。

當然，我也承認，要每位老師別出心裁，成天搞創意去創新課程吸引學生，是件很勉強的事。

要把孩子的注意力從他們手中小小的螢幕中搶奪回來，也是件艱鉅、近乎苛求的任務。但至少，身為老師的我們，可以稍微花點心思，想一想曾經是孩子的自己喜歡什麼樣的上課模式，也可以問一問台下孩子們的想法。

哪怕是一點「願意嘗試」的心，就已經比故步自封，死守傳統上課模式的老師強得多了！

5 偏心、不公平

上高中前，我是老師眼中的「好學生」。上了高中，角色互換，我成了某些老師眼中的「問題學生」。因此，曾身處天平兩極的我，感受特別深刻。

只能說，得到老師「厚愛」的感覺，真的很好；同樣的，「失寵」的感覺，有時會讓孩子很想自暴自棄。

每位老師心中都有一紙珍愛學生的名單，這絕不是問題。只是，當他們把這些孩子視為

「掌上明珠」，明顯偏愛到一個程度到無視其他學生感受的時候，就是個問題了。

若老師以成績、個性，甚至外貌，或其他任何因素來瓜分、劃分心中對孩子們的愛，那是很可怕的一件事。

教室是個講愛的地方，不是爭權奪利的地方。當孩子心中一有「爭寵」感覺冒出來的時候，師生關係在本質上就已經失焦了。

6 威脅、羞辱學生

有的老師覺得管理學生最有效的策略，就是用成績打壓。

他們開口、閉口都是分數，常把：「作業不交就會被當」、「成績不好就不會有前途」等威脅性的字眼掛在嘴邊。

身為老師的我們，可以想一想曾經是孩子的自己喜歡什麼樣的上課模式，也可以問一問台下孩子們的想法。

更有甚者，在學生犯錯時，他們選擇用羞辱的方式來處置。國小時，班上抓到了一個偷東西當場被逮的孩子。老師知道後，竟用尖酸的言語，諷刺、嘲諷，極盡譏笑之能事在全班面前羞辱他。

這「羞辱的記憶」，不僅成了這個犯錯孩子的痛苦回憶，也成了那天在場全班孩子共同的不堪記憶。

也許是我太苛刻，或是負面的回憶存留得特別久，不成比例的，帶來苦澀回憶的老師比甘甜的回憶多出太多。

我想，這些得不到學生青睞的老師們，必定不是他們當初投入教育時的自我期待。但最後走到這步，其中的一個可能，也許是少了學生和同事們的回饋。

所以，在當天課堂結束前，我和孩子們分享：

這是我當老師的第一年，對於「我自己是什麼樣的老師」這個問題，我還在思考，我也正在創造屬於自己的樣貌。

但我向你們承諾，我會努力讓自己遠避這六個特質，成為一位陪伴你們成長的老師。

我也需要透過你們的眼睛，讓我看得見自己，也才有不斷調整、進步的可能。

盼望當孩子大了，離開學校的時候，回想到我的時候，嘴角能露出悠揚上升的線條。我想，這是對一位老師最佳的禮讚了吧！

後記
學生教會我的十五件事

三十三歲那年，我轉換了人生跑道，決心離開辦公桌，不再和「電腦」打交道，而去與真實的「人」打交道。

我很難形容這個決定帶給我的影響，只能說，那是翻天覆地性的，而這個影響至今仍在延續。

我那複雜、被社會同化已久的心逐漸變得簡單、純一，不知不覺，我心裡一處又一處的角落，全被學生們佔滿。

學生難過，我就難過；學生開心，我就開心。他們的退步是我的憂傷，他們的成長是我的喜悅。

身為人師的兩個月之後，我寫了第一篇關於教育的文章，分享了我的學習與心境。想以此文作為本書的結語，提醒自己別忘了那起初的情衷。

學生教會我的十五件事

我，三十三歲，是一個菜鳥教師。

在教書前，對老師的生活總有夢幻、不現實的想像；但在這兩個多月來，經過真正身為教師的初體驗後，率先接受震撼教育的，不是學生，卻是我。

我以為，我是來教學生的，殊不知，我所做的第一件事，卻是學習。

這兩個多月來，我從這群可愛的孩子們身上，學到了十五件事：

1 我不是超人、不是上帝，我無法拯救所有人（我大概有天生救世主情結吧～）

然而，我能拯救那些希望被拯救的人、幫助那些希望被幫助的人、陪伴那些希望被陪伴的人。

只有當學生願意時，我才能帶著他們一起成長。

2 帶班就像談戀愛，每個學生都是心頭的一塊肉

愛情會經歷蜜月期、磨合期、爭吵期、冷戰期、穩定期；同樣的，帶班也會。不知不覺，我的心就這樣掛在孩子們的身上，有時到了九點還沒有下班，只因為想多陪他們久一點。

3 我不該用百分之八十的時間，去處理百分之二十人的事

每個人都該得到我相同的愛。所以，我該盡力花時間和每個人談話，去認識每位孩子，而不是專門處理那些最常出事、最顯眼、最常發聲的學生們。

那些安靜的孩子們，往往更需要我的陪伴。

4 站上講台，我就得撐住，不管我有多害怕

畢竟，沒有人逼我當老師。既然是我的選擇，我就得面對。

儘管我常感到害怕、反感、亟欲逃避。常想請病假、晚一些點名，或早一點下課。但我得勇敢面對心魔，我得撐在台上，因為我的學生們，現在正需要我。

5 我開心，我的學生才會開心

身為老師所承擔的壓力是大的。

我的情緒，不歸我一人擁有，因為情緒就像打噴嚏一樣，會散布、會傳染到學生身上。

喜悅是會感染的，憤怒也是會感染的，因此我該注意我的情緒，小心我所流瀉出的每個歡悅與暴躁。

6 我愛不愛我的學生們，他們都知道

當我關心學生的時候，他知道；當我懶得理人的時候，他知道；當我想敷衍的時候，他也知道。

重點不是說了多少、做了多少，而是**我的心有沒有在他們身上**。

7 最重要的，不是我準備了什麼課程，而是我準備好要面對什麼人了嗎？

我可以準備了再精采的課程，但卻讓學生失去興趣；我可以講得再天花亂墜，他們卻可以睡成一片。

老師最大的挑戰，是面對人，是找出每個人的需求，並在最關鍵的時候，去和孩子談話，陪他走出低谷、度過傷悲、分享榮耀。

但重點是，當孩子願意和我掏心掏肺時，我準備好要回饋他們了嗎？

8 不光要面對學生，更要面對學生家長

學生的情形，往往只是冰山的一角。他背後的家人，是他現在情況的內在原因。

我若不能全盤理解、適度釐清、謹慎疏通，我就會不斷碰壁，呈現鬼打牆無限迴圈的狀況。

畢竟，孩子是家長一面透徹而明亮的鏡子。

9 絕沒有壞學生，只有找不到學習動力的學生

我不相信存在著任何一個壞學生、任何一個不值得被愛、被啟發、被引導的孩子。

有些孩子現在可能擺出一副死樣子，所作所為都讓我灰心、讓我氣急攻心，但我相信那只是表象。

這些孩子們的內心正在呼喊：「給我一個學習的動機！給我一個付出的理由！」

所以，有時候不是學生不想學，是身為老師的我，不夠會教。

10 出事時，家長永遠比學生更緊張

遇到事情，不管是好是壞，爸媽們總是比孩子更焦急。

無論是遇到孩子們曠課、爭執、成績、請假等等狀況時，父母的電話可以奪命連環call，學生卻可以愛理不理，事不關己。

所以，**我該做的，是讓孩子們學習為自己的行為負責，而不是永遠讓父母背著他們走。**

11 不要怕學生現在討厭我，要怕學生將來討厭我

我可以對學生好，但那個「好」不能成為縱容、溺愛、包庇，也讓我被冠上「濫好人」的稱號。

因為這種「好」無法幫助孩子們成長。

現在他覺得我好，將來他會覺得我懶。

只因我不肯拉界線、不肯嚴厲要求、不肯逼迫他們成長，逼他們面對自己不敢、不願面對，卻重要無比的麻煩事。

12 不要害怕亂、不要禁止吵；愈吵、愈亂，愈證明學生們活著

學生是有生命力的，他們的行動力比我這個老骨頭高過數倍。

活潑是好的，混亂是好的，我無法高壓控制他們，因為這是牛頓所說，作用力與反作用力的定律。

我愈壓迫，他們累積的反彈力就愈大。

真正該思考的是，怎麼讓孩子們把這股用不完的精力，投注在值得發揮的地方。

13 當我相信學生的時候，他們才可能相信自己

我若覺得他們是嬰孩，任何事都需我親手包辦——幫他們換尿布、餵他們吃飯、牽他們的手上學——那他們就真的擺出嬰孩的嬌樣。

然而，若我認為他們是有能力的、肯負責的大孩子，願意放手讓他們去嘗試、去成長。他們展現出來的成果反而會讓我嚇一跳。

因為，**學生們總是會照我所觀看他們的方式來觀看自己。**

14 我無法討好每一位學生，所以，就簡單的做自己吧

無論我再努力，我都無法讓每個學生都喜歡我，都接受我。

我若在意大家的眼光，我就會患得患失，模糊焦點，失去了自己起初帶班的目標。

但我若忘掉人的喜歡或不喜歡，專心、簡單地做自己，縱然他們現在無法明白，但我卻能活得自在，也能讓孩子們更能有清楚的方向。

15 我是個老師，是學生們讓我相信，我真的是位老師

成為老師，不只在於某張證書、某個頭銜，也不是我說了算，而在於孩子與家長們心中的那份認同。

這兩個多月來，我們不完美，我們出了很多差錯、吵了很多架、哭了好多次。然而，是這些孩子們，讓我相信我是個老師；是他們，讓我有信心，能面對下一個，以及之後的每一個班級。

愛，就要放手去愛；給，就要全心的給；當老師，就要奮勇前進。否則，當老師還有什麼樂趣？

謝謝我的孩子們，開平一〇五年班的夏班，是你們教會了我這些寶貴的功課，讓我能繼續學習，陪伴你們一起成長。

致謝

謝謝我的妻，我的寶貝念兒。妳是我每篇文章第一個，也是最忠實的閱讀者。在我感到氣餒、黯淡時，連拔帶扯地的將我拖出負向漩渦，鼓舞我、點醒我，逼我相信自己可以。

感謝我的父母，是你們在我心中播下愛的種子，以故事為土壤、身教為太陽、溫情為雨水，滋潤乳養我，使我有機會成為一位教師，願意付出我的愛、我的氣力來陪伴孩子。

感謝我帶的第一個關懷班夏班，以及接續的唐班、忠班、糖班、茶班、信班、筷班，和所有開平餐飲學校一〇五、一〇六年班的學生，有你們才會有我，我從你們身上學到的實在太多太多。

感謝這四年所有的學群夥伴們，因為你們我認識了什麼是團隊，什麼叫合作，什麼為信任；我們一起奮戰、一同陪伴學生的這段時間，都是我珍貴的經驗，我所有的成長與教師歷練的累積，都是你們帶給我的。

感謝馬嶔、小璻、阿呆、小高，與Jo，你們讓我看見了領導者可以有如此多元的面貌，卻同樣都能出色地帶領教師團隊一次又一次完成任務、征服挑戰。

謝謝晶蓉、秋滿、瑟蓮，妳們是我教師生涯起步時的引路者，陪伴我度過最艱難、無助的階段。

感謝開平餐飲學校馬嘉延校長，願意放手讓我承接大型專案活動，過程中也都不時關心、支持，讓我也能相信自己做得到。

感謝溫祥慈藹的夏惠汶院士，我敬愛的「夏杯」，給了我最大的空間，讓我在這所奇妙的學校中勇敢做自己，透過多次的對話，讓我思考自己的使命和願景，讓我能逐漸找到自己的價值。

最後，也是最不可少的，還要感謝開平餐飲學校全體夥伴們，我所有的學習都來自於你們。

當然，也不能忘記寶瓶的純玲，謝謝妳在廣大的網海中發現了我，以無比耐心和我往來超過一百封信件，還有美珊持續地校對、給予建議，才讓這本書有機會出版。

吳緯中太太所繪：「在我心中，你就像滿富愛與熱情的英雄大俠，為每個枯竭、凋零，荒蕪的廢墟刷上美麗的顏色。你的使命，是要親手點亮每個黑暗寂沉的屋子，賦予他們生命、希望與夢想。」

國家圖書館預行編目資料

老師該教，卻沒教的事——那些在升學主義下，被逐漸遺忘的能力／吳緯中著 --初版.--臺北市: 寶瓶文化, 2017.9
面； 公分.--(Catcher；91)
ISBN 978-986-406-098-6(平裝)

1.青少年教育
528.47　　106014063

Cather 91

老師該教，卻沒教的事——那些在升學主義下，被逐漸遺忘的能力

作者／吳緯中

發行人／張寶琴
社長兼總編輯／朱亞君
副總編輯／張純玲
資深編輯／丁慧瑋
編輯／林婕伃・周美珊
美術主編／林慧雯
校對／周美珊・張純玲・劉素芬・陳佩伶・吳緯中
業務經理／李婉婷　企劃專員／林歆婕
財務主任／歐素琪　業務專員／林裕翔
出版者／寶瓶文化事業股份有限公司
地址／台北市110信義區基隆路一段180號8樓
電話／(02)27494988　傳真／(02)27495072
郵政劃撥／19446403　寶瓶文化事業股份有限公司
印刷廠／世和印製企業有限公司
總經銷／大和書報圖書股份有限公司　電話／(02)89902588
地址／新北市五股工業區五工五路2號　傳真／(02)22997900
E-mail／aquarius@udngroup.com

法律顧問／理律法律事務所陳長文律師、蔣大中律師
如有破損或裝訂錯誤，請寄回本公司更換
著作完成日期／二〇一七年六月
初版一刷日期／二〇一七年九月
初版二刷日期／二〇一七年九月四日

ISBN／978-986-406-098-6
定價／三〇〇元

Published by Aquarius Publishing Co., Ltd.

AQUARIUS 寶瓶文化事業

愛書人卡

感謝您熱心的為我們填寫，
對您的意見，我們會認真的加以參考，
希望寶瓶文化推出的每一本書，都能得到您的肯定與永遠的支持。

系列：Catcher 91 書名：老師該教，卻沒教的事——那些在升學主義下，被逐漸遺忘的能力

1. 姓名：________ 性別：□男 □女
2. 生日：____年____月____日
3. 教育程度：□大學以上 □大學 □專科 □高中、高職 □高中職以下
4. 職業：________
5. 聯絡地址：________

 聯絡電話：________ 手機：________
6. E-mail信箱：________

 □同意 □不同意 免費獲得寶瓶文化叢書訊息
7. 購買日期：____ 年 ____ 月 ____日
8. 您得知本書的管道：□報紙／雜誌 □電視／電台 □親友介紹 □逛書店 □網路 □傳單／海報 □廣告 □其他
9. 您在哪裡買到本書：□書店，店名________ □劃撥 □現場活動 □贈書 □網路購書，網站名稱：________ □其他________
10. 對本書的建議：（請填代號 1.滿意 2.尚可 3.再改進，請提供意見）

 內容：________

 封面：________

 編排：________

 其他：________

 綜合意見：________

11. 希望我們未來出版哪一類的書籍：________

讓文字與書寫的聲音大鳴大放

寶瓶文化事業股份有限公司

（請沿此虛線剪下）

廣　告　回　函
北區郵政管理局登記
證北台字15345號
免貼郵票

寶瓶文化事業股份有限公司　收
110台北市信義區基隆路一段180號8樓
8F,180 KEELUNG RD.,SEC.1,
TAIPEI.(110)TAIWAN R.O.C.

（請沿虛線對折後寄回，或傳真至02-27495072。謝謝）